Erfolgreich arbeiten mit Pferden

Kerstin Diacont

Erfolgreich arbeiten mit Pferden

Einbandgestaltung: Katja Draenert

Fotos: (Foto-Archiv Diacont)
Karin Anders: S. 46
Katharina Benzinger: S. 11, S. 29, S. 39 links, S. 45, S. 47 rechts oben, S. 56 rechts oben, S. 57, S. 64, S. 70, S. 75, S. 102, S. 107, S. 108 rechts, S. 117 rechts, S. 120, S. 126, S. 127, S. 130 unten, S. 147, S. 149
Frank Wagner: S. 8, S. 89 rechts
Alle übrigen Fotos sowie alle Grafiken: Kerstin Diacont

Alle Angaben in diesem Buch wurden nach bestem Wissen und Gewissen gemacht. Sie entbinden den Pferdehalter nicht von der Eigenverantwortung für sein Tier. Für einen eventuellen Missbrauch der Informationen in diesem Buch können weder die Autorin noch der Verlag oder die Vertreiber des Buches zur Verantwortung gezogen werden.
Eine Haftung für Personen-, Sach- und Vermögensschäden ist ausgeschlossen.

ISBN 3-275-01504-4

Sie finden uns im Internet unter www.mueller-rueschlikon.ch

1. Auflage 2004

Lektorat: Claudia König
Innengestaltung: Kerstin Diacont
Reproduktionen: Kerstin Diacont
Druck und Bindung: Fotolito Longo, Bozen
Printed in Italy

Dank für nützliche Anregungen, konstruktive Kritik und für die Hilfe bei der Erstellung der Fotos an:

Karin Anders, Patrizia Andler, Martina Belzer, Miriam Bender, Katharina Benzinger, Rachel Closset, Annette und Jochen Daniels, Ute Doberstein, Mirjam Ehrecke, Narciso Arcas Garcia, Petra Ihring, Dr. Michaela Kipper, Juana Kissner, Claudia König, Andrea Kosbadt, Alex Kloss, Andrea Löffler, Silvana Marx, Michaela Maurer, Ute Merkel, Hanna Rietema, Ines Scholtyssek, Pia Sedlmeyr, Nadine Steinbronn, Lisa Suzuki, Frank Wagner, Anika Walden.

Inhalt

Einleitung

Der Umgang mit Pferden und das Reiten sollen uns Menschen Freude bereiten. Immer mehr Reiter suchen hierbei einen harmonischen, von Verständnis geprägten Weg; das Pferd in seiner Eigenschaft als Freizeit- und Sportpartner des Menschen soll nicht zur Arbeit gezwungen, sondern mit Einfühlungsvermögen zur Mitarbeit motiviert werden.

Dies erfordert eine umfassende Ausbildung der zwei- und vierbeinigen Beteiligten auf körperlicher und geistiger Ebene – eine von gegenseitigem Verständnis geprägte Ausbildung. Dazu ist es notwendig, dass der Reiter zuerst sich selbst und dann sein Pferd »erkennt«. Er muss seine eigenen Fähigkeiten und die des Pferdes auf körperlicher und psychischer Ebene beurteilen lernen und dann mit Logik und »gesundem Menschenverstand« daran gehen, einen individuellen Trainingsplan zu erstellen, der sowohl den eignen Fähigkeiten als auch denen des Pferdes angemessen ist und zu einer langfristig positiven Entwicklung von beiden Partnern führt.

Besonders wichtig ist in diesem Zusammenhang das »Sehen-Lernen«; die Fähigkeit des Reiters, zu beurteilen, ob eine Haltung des Pferdes oder Reiters funktionell richtig ist oder ob beide nur in eine optische Schablone gepresst wurden, die dem Körperbau von Pferd und/oder Reiter nicht gerecht wird. Individualität ist gefragt, aufbauend auf allgemein gültigen Grundlagen. Individuelle Eigenarten und Probleme von Pferd und Reiter müssen erkannt und in die Ausbildung integriert werden.

Verständnis für anatomische Gegebenheiten und Zusammenhänge sowie psychologisches Geschick und »Lehrbefähigung« sind für den Reiter dabei mindestens genauso wichtig, wie die »Reittechnik« und die körperliche Konstitution – vor allem dann, wenn der Reiter ein Pferd ausbilden will.

Unter Ausbildung verstehe ich das Erreichen einer guten Kommunikationsgrundlage und darauf aufbauend die Förderung der Talente eines Pferdes, die Verbesserung von Schwächen in Exterieur oder Temperament und schließlich die Minimierung der Hilfen zu einer Verständigung »mit leisen Tönen«. Weg von der Kraftreiterei und hin zu einer leichten Eleganz mit unsichtbaren Hilfen.

Und nicht zuletzt ist auch die langfristige Gesunderhaltung des Partners Pferd ein Ergebnis anatomisch richtiger Ausbildung und der Beachtung der Grundbedürfnisse des Pferdes.

Richtige Ausbildung kennt keine Reitweise, sondern orientiert sich immer an den Besonderheiten von Pferd und Reiter.

Dabei spielt es keine Rolle, in welchem Bereich das Pferd später eingesetzt werden soll. Jedes Pferd, ob Dressur-, Spring- oder Westernpferd, ob Freizeit- oder Turnierpferd, ob phlegmatisch oder nervös, kann auf »feine« Hilfen sensibilisiert werden.

Voraussetzung dafür ist auf Seiten des Reiters vor allem anderen die Fähigkeit zu logischem und reflektierendem Denken – noch vor guter Körperbeherrschung, Konzentration und Selbstkontrolle.

Schaut man sich den »Alltagstrott« vieler Reiter an, so fallen ganz häufig »logische Fehler« in der Arbeit mit dem Pferd auf. Egal, ob unter dem Sattel oder bei der Boden- und Longenarbeit. Die Pferde werden nicht sinnvoll beschäftigt, sondern nur »bewegt«. Ein durchdachtes Arbeitsprogramm und eine klare Zielsetzung fehlen oft. Der Mensch konzentriert sich nicht auf seinen Partner Pferd, sondern telefoniert beim Longieren oder hält beim Reiten ein Schwätzchen. Er stellt keine Anforderungen an das Pferd (weil er nicht vorher überlegt hat, was er überhaupt erreichen will) oder setzt gestellte Forderungen nicht konsequent genug durch. Und wundert sich dann, wenn das Pferd macht, was es für richtig und bequem hält.

Sie können jedoch nur mit der Aufmerksamkeit des Pferdes rechnen, wenn Sie ihm auch Ihre volle Aufmerksamkeit schenken und mit Argusaugen, mit jeder Faser Ihres Körpers, seine Bewegungen verfolgen. Nur dann können Sie vorausahnen, was das Pferd im Schilde führt und es zum richtigen Zeitpunkt loben oder korrigieren. Nur dann können Sie vor allem etwas zum Besseren verändern.

Klare Ausbildungsziele, die den körperlichen und psychischen Fähigkeiten des Pferdes angemessen sind sowie die prompte und richtige Reaktion des Menschen auf eine nur angedeutete Aktion des Pferdes sind die Haupt-Schlüssel für eine erfolgreiche Pferdeausbildung.

Konzentration sollte sich jedoch nicht fälschlich in dauernder körperlicher Anspannung ausdrücken. Oft kann man beobachten, dass Reiter, die bewusst alles richtig machen wollen, sich verkrampfen und alle Muskeln dauerhaft anspannen. Eine solche Dauerspannung ist jedoch kontraproduktiv sowohl für einen guten Sitz als auch für eine effektive Einwirkung (Minimierung der Hilfen). Dauerspannung in Schultern, Armen, Becken und Beinen blockiert die Bewegungen des Reiters und in der Folge auch die des Pferdes.

In den vier Kapiteln dieses Buches werden die wichtigsten Zusammenhänge auf anatomischer und psychologischer Ebene dargestellt. Beurteilungskriterien für eine funktionell richtige Hal-

tung von Reiter und Pferd und die Auswirkungen von Haltungsfehlern auf die Bewegungsfreiheit beider Partner werden in drei Kapiteln ausführlich dargestellt. Auch das Wissen um den Einfluss von Angst auf die Haltung von Pferd und Reiter sowie die Grundsätze für Angstbewältigungsprogramme gehören dazu.

Guter Sitz und gute Einwirkung brauchen »Wechselspannung«. Eine gute Haltung auf dem Pferd ist nie statisch, denn sie muss die Pferdebewegung aufnehmen. Die gute Haltung des Reiters besteht vielmehr aus kleinen ausgleichenden Einzelbewegungen vor allem im Bereich des Beckens, jedoch auch in jedem anderen Gelenk des Körpers, die es ermöglichen, sich einerseits den Bewegungen des Pferderückens anzupassen, andererseits aber auch unabhängig davon zu agieren.

Oft kann man beobachten, dass eine Korrektur an der richtigen Stelle des Reiterkörpers sofort eine bessere Haltung des Pferdes zur Folge hat. Wobei die Betonung auf »richtige Stelle« liegt. Denn unruhige Hände zum Beispiel kann man nicht dadurch korrigieren, dass man dem Reiter sagt, er solle die Hand still halten oder gar am Widerrist abstützen, sondern dadurch, dass man seinen Sitz unabhängig macht sowie Schultern und Ellbogen lockert.

Ähnliches gilt fürs Pferd: Auch Pferde neigen zu Verspannungen unter dem (unnatürlichen) Reitergewicht oder »werden vom Reiter verspannt«, weil er vorrangig an ihrer äußeren Form arbeitet (oft an der Kopf- und Halshaltung), ohne die Gesamtbewegung zu betrachten.

In diesem Buch werden die Funktionskreise auf körperlicher und psychologischer Ebene aufgezeigt – für Mensch und Pferd einzeln sowie für das kombinierte System Reiter plus Pferd. Die Auswirkung von körperlichen Blockaden oder (psycho)logischen Fehlern auf das Gesamtsystem Reiter plus Pferd wird verdeutlicht. Und wie man mit der Korrektur an der richtigen Stelle eine ganze Kette von positiven Veränderungen bei Pferd und Reiter auslöst und dadurch Dauer und Intensität der Hilfen minimieren kann.

Kapitel 1 Wissen, verstehen und beurteilen

Reiten ohne sichtbare Anstrengung – ein Idealbild, das nicht leicht zu verwirklichen ist.

Grundsatzgedanken für erfolgreiches Arbeiten mit Pferden

Start und Ziel definieren

Was kann ich und was will ich lernen? – Was kann mein Pferd und was soll es lernen?

Diese Fragen muss sich jeder Reiter stellen, der erfolgreich mit seinem Pferd arbeiten möchte.

Eine klare Bestandsaufnahme des Status quo und des Zieles sind nötig, damit Sie nicht von falschen Voraussetzungen ausgehen und sich nicht in die falsche Richtung bewegen.

Natürlich sieht die Ausgangsposition jeder Mensch-Pferd-Kombination anders aus und auch jede Zielsetzung ist anders. Diese Unterschiede resultieren aus der ausgeprägten Individualität von Mensch und Pferd. Jeder Mensch und jedes Pferd ist unvergleichlich. Und trotzdem gibt es grundsätzliche Verhaltens- und Sprachmuster, die von allen Menschen und allen Pferden und auch übergreifend von Mensch zu Pferd verstanden werden. Dieser kleinste gemeinsame Nenner heißt Körpersprache und ist die Ausgangsposition für eine erfolgreiche Zusammenarbeit von Mensch und Pferd.

Grundsatzfragen zum Status quo

Für eine richtige Bestandsaufnahme und eine klare Startdefinition muss der Mensch 3 Fragen beantworten:

1. Was weiß ich über mein Pferd? Dazu gehören vor allem Kenntnisse über dessen Anatomie und Verhaltensstrukturen.
2. Was weiß ich über mich selbst? Über meine körperliche Konstitution, meine Ängste, mein Verhalten, mein Können?
3. Was müssen mein Pferd und ich lernen – welche Verbesserungen sind notwendig?

Nach Vollkommenheit streben – mit der Unvollkommenheit leben

Das Streben nach Vollkommenheit zeichnet den wahren Künstler aus. Es sollte auch den Reiter auszeichnen, denn der gute Reiter ist Künstler und Sportler gleichermaßen.

Doch wie definieren wir Vollkommenheit oder Erfolg bei der Arbeit mit dem Pferd? Einer Arbeit, die sich über viele Jahre hinzieht und die oft mit Stillständen und Rückschlägen einhergeht?

Wer den Erfolg nur als das Erreichen eines fernen, oft unklaren Endzieles definiert, macht sich und seinem Pferd unnötig das Leben schwer. Er bringt sich um die kleinen Erfolgserlebnisse der täglichen Arbeit, wenn eine Lektion, an der er eine Weile »gebastelt« hat, plötzlich wie von selbst gelingt, weil er »den richtigen Schalter« gefunden hat. Er neigt zu einer Ausbildung im Schnelldurchlauf, weil das Endziel in zu weiter Ferne liegt.

Mit kleinen Schritten zum täglichen Erfolg

Sinnvoll ist es, immer wieder kleine Zwischenziele zu formulieren (z.B. eine saubere Parade vom Trab zum Schritt erreichen) und in Abständen von ein paar Wochen jeweils eine neue Bestandsaufnahme zu machen:
Was ist besser geworden? Was habe ich gelernt, was hat das Pferd gelernt? Was muss noch besser werden? Wo ist »der Groschen gefallen«? Wo ist ein Problem aufgetreten? Wo habe ich einen Fehler gemacht, den ich nicht wiederholen möchte? Was ist unter Umständen schlechter geworden? Wie viel Kraft brauche ich zum Reiten? Werde ich ungeduldig?
Akzeptieren Sie die Unvollkommenheit, denn absolut vollkommen ist nichts. Und wie an die Unendlichkeit kann man sich immer nur in kleinen Schritten an die Vollkommenheit annähern – und wird sie in letzter Konsequenz nicht erreichen. Trotzdem kann jeder Reiter zu jedem Zeitpunkt versuchen, seine Arbeit bestmöglich zu machen – und die größtmögliche Befriedigung aus der täglichen Arbeit herauszuziehen. Andernfalls wird ihn die »alltägliche Langeweile« auffressen und unzufrieden mit sich und der Welt (dem Pferd) machen.

Jeder muss seine eigenen Fehler machen

Akzeptieren Sie jeden Fehler, den Sie gemacht und als solchen erkannt haben. Er ist ein »notwendiges Übel« aus dem Sie lernen konnten. Hier kommt die alte Binsenweisheit zum Tragen: Wer keine Fehler macht, arbeitet auch nicht.

Idealvorstellungen

Unser Idealbild als Ausbildungsziel sollte immer »im Hinterkopf« präsent sein. Es muss vor unserem inneren Auge stehen, wenn Probleme auftauchen, wenn wir ungeduldig werden oder wenn wir in Gefahr geraten, das Pferd für Fehlschläge verantwortlich zu machen. Unter Umständen müssen wir allerdings das Ziel modifizieren, wenn sich im Verlauf der Ausbildung herausstellt, dass das Pferd bestimmten Anforderungen nicht gewachsen ist. Oder wenn uns klar wird, dass wir für unser Ziel das falsche Pferd haben.
Aus einem Kaltblut macht man auch mit bester Dressurausbildung kein leichtfüßiges Pferd. Und

Das Pferd spiegelt den Reiter:
Bild links: entspanntes Pferd in der Dehnungshaltung am losen Zügel, entspannte Reiterin.
Bild rechts: Die Reiterin hat deutlich mehr Spannung im Sitz, das Pferd weicht mit der Nase nach hinten aus und zeigt auch vermehrte Spannung.

ein Springpferd muss von Natur aus springen wollen – man kann es nicht dazu zwingen.

Das Pferd ist nie Schuld daran

Prinzipiell gilt immer: das Pferd ist – wie ein kleines Kind – nicht schuldfähig; es ist das »Geschöpf seines Reiters«, anfangs sein Schüler und im weiteren Verlauf der Ausbildung sein Arbeits- oder auch Tanzpartner. Der Mensch ist dafür verantwortlich, was aus ihm wird. Er sollte es weitest möglich fördern, darf jedoch nichts von ihm verlangen, was es aufgrund seiner körperlichen und psychischen Konstitution nicht leisten kann.

Denk-Sport

Damit der Reiter seiner Verantwortung dem Pferd gegenüber nachkommen kann, braucht er Logik, »gesunden Menschenverstand«, pädagogisches Geschick und Einfühlungsvermögen. Diese Fähigkeiten stehen mindestens gleich berechtigt neben den eher geläufigen Komponenten Bewegungsgefühl, Kondition und Reittechnik – sind sogar unter Umständen noch wichtiger als diese. Durch Nachdenken und vorausschauendes Handeln kann man viele logische Fehler bei der Ausbildung des Pferdes vermeiden und man kann eigene körperliche Unzulänglichkeiten damit bis zu einem gewissen Grad kompensieren.

Das Pferd spiegelt den Reiter

Jedes Pferd gibt Hinweise auf die Persönlichkeit seines Reiters und Ausbilders. Es hält ihm praktisch mit seinem Verhalten und seiner Ausstrahlung einen Spiegel vor. Ein Pferd, welches mit Kraft und Zwang statt mit Köpfchen und Einfühlungsvermögen geritten wird, wird nie elegant und souverän wirken.

Das macht die Ausbildungs-Arbeit mit Pferden so interessant und vielschichtig; der Mensch erzieht nicht nur das Pferd, sondern das Pferd erzieht im Gegenzug auch seinen Reiter, macht ihn im besten Fall zu einem sensibleren, nachdenklicheren, oft auch zu einem souveräneren Menschen mit mehr Selbstbewusstsein.

Mit allen Sinnen

Wenn Sie mit dem Pferd arbeiten, dann tun Sie es mit vollem Einsatz von Körper und Geist. Während der Arbeit gibt es nichts außer Ihnen und dem Pferd – allenfalls noch einen Lehrer, der Sie bei der Arbeit unterstützt. Denken Sie nicht daran, was Sie nachher noch alles zu erledigen haben. Halten Sie möglichst kein Schwätzchen mit einem Zuschauer an der Bande.

Grundsatzgedanken

Erfüllbare Forderungen an das Pferd stellen und diese dann konsequent durchsetzen.

Konzentrieren Sie sich auf die Bewegungen des Pferdes, auf Ihren eigenen Körper und auf das Zusammenspiel beider.

Erziehung

Ein Pferd muss konsequent erzogen werden. Erziehung beginnt beim Umgang und bei der Arbeit am Boden und ist beim gerittenen Pferd eine der Voraussetzungen für die Minimierung der Hilfen. Das Pferd muss den Menschen als weisungsbefugt anerkennen und muss lernen, dass »Nein« immer »Nein« heißt und nicht »Vielleicht doch«. Und dass eine Forderung verbindlich ist. Wie ein Kind muss auch das junge Pferd lernen, dass bestimmte Dinge verboten sind – und wie ein Kind wird auch das Pferd immer mal wieder probieren, ob der Reiter bei einer einmal getroffenen Entscheidung bleibt. Tut er das nicht, so verliert er in den Augen des Pferdes an Autorität.

Forderungen stellen und konsequent durchsetzen

Stellen Sie klare Forderungen an Ihr Pferd und setzen Sie diese durch. Egal, wie lang es dauert. Sie wollen, dass das Pferd über eine Plastikplane läuft? Dann muss es zumindest mit einem Fuß drauf, vorher dürfen Sie nicht aufgeben. Achten Sie allerdings darauf, dass Sie sinnvolle Forderungen stellen, die dem Ausbildungsstand des Pferdes entsprechen. Verlangen Sie nicht das Überwinden der Plane, wenn Sie das Pferd noch nicht vernünftig führen können. Stellen Sie auch sicher, dass Sie in der Lage sind, Ihre gestellte Forderung auch wirklich durchzusetzen. Sollte die Aktion an Zeitmangel, ungenügender Vorbereitung oder an sonst etwas scheitern, so haben Sie Ihrem Pferd damit »beigebracht«, dass Ihre Forderungen nicht unbedingt verbindlich sind. Dieser negative »Lernerfolg« wird sich spätestens bei der nächsten Auseinandersetzung mit dem Pferd in doppeltem Zeitaufwand bemerkbar machen.

Sinnvolle Konzepte

Arbeiten Sie nicht ohne Konzept, sondern stellen Sie sich für jede Arbeitssequenz eine Hauptaufgabe, die dem Ausbildungsstand von Reiter und Pferd angemessen ist (z.B. »Ich will das Pferd heute auf den Hänger stellen« oder »Ich will heute das Angaloppieren aus dem Schritt verbessern«). Modifizieren Sie notfalls die Aufgabe, wenn Sie während der Arbeit merken, dass das Pferd – oder Sie – nicht »gut drauf« sind. Achten Sie jedoch darauf, immer mindestens mit einem Teilerfolg abzuschließen, so dass Sie das Pferd guten Gewissens aus der Arbeit entlassen können.

Deutliche Signale

Fragen Sie sich bei allen auftretenden Problemen: Habe ich mich dem Pferd gegenüber deutlich genug ausgedrückt? Hat es meine Hilfe wirklich richtig verstanden? Weiß es, was ich von ihm will? Neutralisiere oder blockiere ich einen Hilfenteil mit einem anderen?

Sind Sie schludrig und unkonzentriert in Ihrer Hilfengebung oder fehlt Ihnen (noch) das feine Bewegungsgefühl, um wirklich präzise körpersprachliche Signale zu geben, so sind Missverständnisse vorprogrammiert. Das Pferd ist sich nicht sicher, was Sie von ihm wollen. Ein sensibles, kooperatives Pferd bietet im besten Fall etwas an, von dem es denkt, es könne gemeint sein. Wird es dafür bestraft, so verliert es das Vertrauen in die Anweisungen des Reiters. Ein abgestumpftes Pferd tut oft gar nichts und ignoriert die Hilfe.

In beiden Fällen hat es keinen Sinn, die missverständliche Hilfe mehrfach zu wiederholen und zu denken, das Pferd müsse doch nun endlich verstehen, was gemeint ist. Oder in hektische Aktivität auszubrechen, ohne dabei genau zu wissen, was man eigentlich tun sollte. Das ist so ähnlich, als wenn uns jemand in einer völlig fremden Sprache etwas klarmachen will und auf unser Unverständnis mit immer den gleichen Worten – nur in immer größerer Lautstärke – reagiert. Besser ist es, sich in solchen Fällen Hilfe »von außen« zu holen. Ein erfahrener Ausbilder mit einem guten Blick fürs Wesentliche hat schnell erfasst, wo das Problem liegt.

Kontrolle und Selbstkontrolle

Lassen Sie bei der Boden- und Longenarbeit das Pferd keinen Augenblick aus den Augen; es muss sich immer von Ihnen beobachtet fühlen – nur dann können Sie es »auf Distanz kontrollieren«. Horchen Sie beim Reiten in sich hinein: Fühle ich meine Gesäßknochen? Wann welchen stärker? Halte ich Hüfte oder Schulter fest? Lasse ich meinen Kopf hängen? Schaue ich in die Richtung, in die ich reiten will? Kann ich meine beiden Hände unabhängig vom Sitz, d.h. von den Bewegungen des Pferderückens und auch unabhängig voneinander bewegen?

Die Konzentration auf den eigenen Körper und seine Aus- und Aufrichtung ist beim Reiten und auch bei der Bodenarbeit das A und O; es macht das »Lenken« des Pferdes zu einem Kinderspiel. Das Pferd folgt nämlich Ihrer Körperausrichtung; es läuft »unter Ihr Gewicht« (bzw. richtet sich bei der Bodenarbeit auf Ihre Schulterstellung ein). Allerdings tut es das nur im Rahmen seiner Möglichkeiten und nur dann, wenn es keine widersprüchlichen oder undeutlichen Signale von Ihnen bekommt.

Widersprüchliche Signale: Einknicken in der Hüfte setzt den Reiter auf den falschen Gesäßknochen.

Grundsatzgedanken

Bewusste Bewegungen – Selbstbewusstsein

Um widersprüchliche Signale dem Pferd gegenüber zu vermeiden, müssen Sie immer genau wissen, was Sie gerade mit Ihrem Körper tun, wie Sie auf Ihr Pferd wirken. Ihr Körper spiegelt Ihre innere Haltung. Fühlen Sie sich unsicher oder haben gar Angst, so verrät Ihre Körperhaltung Sie. Und das Pferd stellt Ihre Forderungen in Frage.

Versuchen Sie, sich innerlich »aufzurichten«, sich zu sagen »ich will das und ich schaffe das«, dann können Sie dem Pferd gegenüber auch die nötige Autorität ausstrahlen.

Denken Sie immer: »ich mache das jetzt« und nie »ich kann's ja mal versuchen«.

Programmierung durch Bewegungsbilder

Beobachten Sie die Reaktionen des Pferdes auf eine kleine Veränderung in Ihrer Körperhaltung – auf ein Anheben der Hand oder eine Drehung Ihres Kopfes. Das Pferd zeigt Ihnen sofort, ob Ihre Aktion richtig war, d.h. den von Ihnen beabsichtigten Zweck erfüllt hat.

Entspricht die Reaktion des Pferdes Ihren Erwartungen, dann speichern Sie Ihre Aktion, die diese richtige, erwünschte Reaktion des Pferdes hervorgerufen hat, als »Bewegungsbild«, um es in einer ähnlichen Situation schnell abrufen zu können.

Aktionsbibliotheken zum schnellen Abrufen

Durch viele kleine Aha-Erlebnisse nach dem Muster »Tue ich dies, dann tut das Pferd das« oder umgekehrt »Macht das Pferd jenes, kann ich so und so korrigieren« können Sie sich mit der Zeit eine Art »Aktionsbibliothek« abspeichern, die mit »Bild und Gefühl« hinterlegt ist – zum schnellen Abruf in Situationen, in denen keine Zeit zum Nachdenken bleibt. Auch die Selbstkorrektur erfahrener Reiter funktioniert auf ähnliche Weise: durch das Abrufen eines als richtig erkannten und bildhaft gespeicherten Bewegungsgefühls als Ideal – als Sollzustand – und den Vergleich mit dem gefühlten Istzustand.

Reflexe löschen und neu programmieren

Das Speichern und Abrufen von Bildern und Gefühlen ist mit dem Schreiben eines Computerprogrammes vergleichbar. Der Reiter programmiert sich nach dem Muster »wenn – dann«. Er schafft sich praktisch neue Reflexe.

Das Anlegen solcher Idealzustands- und Aktionsbibliotheken geht natürlich nicht von heute auf morgen, sondern braucht viel Zeit. Und gute

Mit minimalen Hilfen reiten – Reduzierung von Kraft und Hilfsmitteln.

Bewegungsbilder speichern

1. Testaktion des Reiters
2. Reaktion des Pferdes beobachten
3. Reaktion bewerten:
   a. erwünscht?
   b. nicht erwünscht?
4. a. Testaktion abspeichern
4. b. Testaktion »löschen« – danach neue/veränderte Testaktion
5. Wiederholen der Schritte 2 und 3

Lehrer, die dafür sorgen, dass keine Fehler und Sackgassen einprogrammiert werden – und dass natürliche und unter Umständen schon falsch etablierte Reflexe des Menschen, die beim Reiten hinderlich sind, gelöscht und »umprogrammiert« werden. Ein solcher unerwünschter (Angst)reflex ist z.B. das bekannte Zusammenkrümmen im Oberkörper und Am-Zügel-Ziehen des Reitanfängers, wenn ihm das Pferd zu schnell wird.

Hilfenminimierung und Angstbewältigung durch antrainierte Reflexe

Unerwünschte Reflexe können nicht nur beim Reiter »umprogrammiert« werden, sondern auch beim Pferd. Besonders die reflexhaften Angstreaktionen des Fluchttieres Pferd müssen durch »Angstbewältigungsprogramme« und konsequente Erziehung unter Kontrolle gebracht werden, um den Umgang mit dem Pferd sicherer und entspannter zu machen.

Reflexe können auch komplett neu antrainiert werden. Jede prompte Reaktion eines sensibel gerittenen Pferdes auf ein komplexes »Hilfenkürzel« des Reiters ist ein antrainierter Reflex.

Prioritäten

In verschiedenen Reitweisen werden verschiedene Prioritäten gesetzt. Der Westernreiter will ein »bequemes« Arbeitspferd, welches blitzschnell auf angedeutete Hilfen reagiert. Der Springreiter braucht ein springwilliges Pferd, dessen Tempo und Richtung er im Parcours gut regulieren kann. Der Dressurreiter möchte die natürlichen Bewegungen des Pferdes möglichst gut entwickeln und zur Geltung bringen.

Alle drei brauchen prinzipiell die gleiche Grundausbildung – auch wenn viele Reiter das nicht wahrhaben wollen. Und diese Ausbildung muss sich an den anatomischen Gegebenheiten von Pferd und Reiter orientieren.

Balance und Gymnastik – inneres und äußeres Gleichgewicht

Grundlage für anatomisch richtiges Reiten, gleich welchen Stils, ist ein unter dem Reiter ausbalanciertes und gymnastiziertes Pferd. Und das Prinzip der Gymnastizierung ist immer das Gleiche – auch wenn es verschiedene Methoden der Hilfengebung gibt.

Neben der gemeinsamen körperlichen Balance für Pferd und Reiter spielt das innere Gleichgewicht – die Ausgeglichenheit und Ruhe – von beiden eine entscheidende Rolle.

Aufmerksamkeit und Konzentration

Nur, wenn Pferd und Reiter ruhig und ausgeglichen sind, können sie konzentriert miteinander arbeiten. Nur, wenn das Pferd dem Reiter aufmerksam »zuhört«, kann es schließlich auf minimale Signale reagieren. Und nur, wenn der Reiter dem Pferd konzentriert »zuhört«, kann er die Zeichen des Pferdes erfühlen, die ihm den psychischen und körperlichen Zustand des Pferdes offenbaren. Und er kann sein Trainingsprogramm nötigenfalls modifizieren.

Schnelle Reaktionen – sichere Entscheidungen

Die ruhige Konzentration des Reiters auf das Pferd ermöglicht sowohl die blitzschnelle Reaktion auf unerwünschte Aktionen des Pferdes als auch vermehrte Sicherheit in seinen Entscheidungen, was er wann und unter welchen Bedingungen dem Pferd zumuten kann, ohne in Gefahr zu geraten, »sein Gesicht zu verlieren«.
Ansätze zu Ungezogenheiten und Ausweichmanövern des Pferdes kann der Reiter nur dann unterbinden, wenn er sie früh genug bemerkt. Viele Reiter reagieren leider erst, wenn ihnen schon die Kontrolle über das Pferd abhanden gekommen ist und schaffen sich damit – vor allem bei gewitzten Pferden – oft ein dauerhaftes Problem: das Pferd hat einmal gelernt, wie es unangenehmen Forderungen aus dem Weg gehen kann und trickst den Reiter bei der nächsten Gelegenheit wieder aus.

Das Prinzip dahinter erkennen

Wenn Sie fähig sind, hinter verschiedenen – oft nur vordergründig andersartigen – Methoden das Grundprinzip zu erkennen, so erübrigen sich viele Diskussionen zwischen den Vertretern unterschiedlicher Reitweisen.
Als Grundsatz für jede Reitweise kann gelten: Richtig ist alles, was das Pferd unter dem Reiter in die äußere und innere Balance bringt. Das bedeutet alles, was seinen Rücken stärkt, seine Hinterhand aktiviert, damit es das Reitergewicht ohne Schaden für seine Gesundheit tragen kann und was es ruhig und ausgeglichen werden lässt. Und wenn das Ganze später mit unsichtbaren Hilfen funktioniert, so macht es Reiter, Pferd und Zuschauern gleich doppelt Spaß.

Das Pferd »hört« der Reiterin aufmerksam zu – die Ohrenstellung verrät es.

Grundlagen der Anatomie und Psychologie für eine bessere Verständigung

Psychologie und Verhalten

Sie wollen Ihrem Pferd etwas beibringen? Dann müssen Sie sicherstellen, dass das, was Sie ihm vermitteln wollen, auch »richtig« bei ihm ankommt. Dazu müssen Sie »seine Sprache sprechen« und sein Verhalten verstehen. Tun Sie das nicht, so gibt es Missverständnisse und Probleme.

Stellen Sie sich vor, ein englischsprachiger Lehrer versucht einem deutschsprachigen ABC-Schützen das Schreiben beizubringen. Das kann nicht funktionieren, sagen Sie mit Recht. Trotzdem wird in der Pferdeausbildung immer noch in vielen Fällen so verfahren.

Ohne das Prinzip des Verhaltens und der Verständigung von Pferden untereinander richtig zu kennen, werden Pferde gehalten, »ausgebildet« und geritten (von der Unkenntnis anatomischer Zusammenhänge wollen wir hier noch gar nicht reden). Und jeder wundert sich, warum der »große Guru« beim eigenen Pferd in kurzer Zeit etwas schafft, was man selber nie und nimmer zu Wege gebracht hätte. Dabei sind die meisten Probleme mit Pferden für jeden Reiter und Pferdebesitzer lösbar oder treten gar nicht erst auf, wenn er bereit ist, sein eigenes logisches Denkvermögen zu bemühen und sich auf die Verständnisebene des Pferdes zu begeben.

Auf die Gefahr hin, mich zu wiederholen: Jeder kann lernen, sein Pferd sicher und elegant mit minimalen Signalen am Boden und unter dem Sattel zu kontrollieren, er muss nur ein paar einfache Grundsätze verinnerlichen, an sich selbst arbeiten und nicht versuchen, den zweiten Schritt vor dem ersten zu tun.

Logische Ausbildung

Die Ausbildung von Pferden folgt logischen Regeln, die nicht nur beim Umgang mit Pferden gelten, sondern auch in vielen Fällen auf den Umgang mit Menschen zu übertragen sind. Nicht umsonst gibt der »Pferdeflüsterer« Monty Roberts inzwischen auch Kurse zum Thema Führungsstrategien für Manager.

»Logisch« bedeutet schlicht und einfach »folgerichtig«. Und folgerichtig müssen alle Handlungen des Reiters sowie auch der Trainingsplan des Pferdes sein. Wer von einem jungen, gerade angerittenen Pferd einen fliegenden Galoppwechsel verlangt, handelt nicht folgerichtig und macht den dritten Schritt vor dem ersten.

Das Pferd nicht vermenschlichen

Andererseits ist ein Pferd nun mal kein Mensch und darf auch nicht vermenschlicht werden. Es lebt in seiner natürlichen Umgebung nach eigenen Gesetzen, die zwar oft Parallelen zu den Regeln des menschlichen Zusammenlebens aufweisen, jedoch nicht identisch sind.

Verhalten und Verständigung des Pferdes im natürlichen Umfeld

Das Pferd ist Herdentier, Fluchttier und friedlicher Pflanzenfresser. Als Beutetier der Fleischfresser ist jedes Pferd prinzipiell wachsam, vorsichtig und fluchtbereit – auch unsere schon

Das Pferd hat artspezifische Bedürfnisse – freier Auslauf gehört dazu.

Auf der Koppel sind die Pferde unterschiedlichsten Reizen ausgesetzt. Das befriedigt ihre Neugier, macht sie ausgeglichen und ruhig.

lange domestizierten Hauspferde haben diese natürliche Vorsicht noch nicht verloren und neigen zur Flucht, wenn sie eine Situation als gefährlich einschätzen. In der Herde, in der Gesellschaft anderer Pferde, fühlen sie sich sicher. Die Herde bietet Schutz und Sicherheit und soziale Kontakte. Sie ist streng hierarchisch aufgebaut. Aufgabenverteilung und Rangordnung sind festgelegt (wobei sich die Rangfolge besonders bei Jungtieren hin und wieder ändert).

Rangfolge

Die erfahrensten, klügsten und stärksten Tiere (Alphatiere) bekleiden den höchsten Rang. Oft gibt es sowohl einen Leithengst als auch eine mehr oder weniger gleich berechtigte Leitstute. Diese Pferde passen auf die Herde auf, signalisieren entweder »alles in Ordnung« oder »nichts wie weg«. Sie geben die Bewegungsrichtung sowohl der langsam wandernden als auch der fliehenden Herde vor, damit sie sich nicht zerstreut und Jäger keine Beutetiere aus der Herde isolieren können. Sie wählen – übersichtliche – Rastplätze, an die sich Raubtiere nicht so leicht anschleichen können, testen Wasser- und Futterstellen und disziplinieren freche Jungtiere – oft mit ziemlich rüden Methoden. Sie fressen zuerst, saufen zuerst und können jedes rangniedere Pferd von dem Platz, an dem es sich gerade befindet, vertreiben. Sie fordern absoluten Gehorsam und bieten im Gegenzug Schutz und Sicherheit.

Dem Pferd Orientierungsrichtlinien geben

Unsere Aufgabe als Ausbilder des Pferdes ist es nun, dem Pferd die Herde, vor allem das Leittier, zu ersetzen. Wir müssen ihm Orientierungsrichtlinien und Sicherheit bieten und dürfen im Gegenzug Gehorsam und freiwillige Mitarbeit erwarten. Wir müssen uns allerdings wie ein echtes Alphatier verhalten; dazu müssen wir wahre Führungsqualitäten besitzen oder sie entwickeln: Souveränität, selbstsichere Ruhe, Erfahrung, Entscheidungssicherheit und die Durchsetzung einer einmal gestellten Forderung mit aller Konsequenz – kurz die klassischen Führungseigenschaften, die auch im menschlichen Umfeld als solche gelten. Andernfalls nimmt uns das Pferd nicht ernst.

Durchsetzungskraft und Autorität beweisen wir schon beim Umgang mit dem Pferd und bei den grundlegenden Erziehungsübungen: Das Pferd darf uns nicht anrempeln, darf nicht an uns vorbeidrängeln und muss uns ausweichen, wenn wir es fordern (das bewirken die »Ausweichübungen« der Bodenarbeit, mit denen wir das Pferd gezielt vorwärts, rückwärts und seitwärts »steuern« können).

Führungseigenschaften für den Reiter

**Erfahrung, Wissen,
Souveränität, Autorität,
Selbstbewusstsein,
Ausgeglichenheit, Ruhe,
Selbstbeherrschung,
Entscheidungssicherheit,
Konsequenz, Willensstärke,
Durchsetzungsvermögen,
Fairness (dem Pferd gegenüber),
situationsgerechtes Handeln,
Reaktionsschnelligkeit,
vorausschauendes Handeln,
Chancen erkennen und nutzen,
Fehler erkennen und nicht wiederholen**

Konsequente Erziehung

Der Schlüssel für eine harmonische Zusammenarbeit mit dem Pferd und die Minimierung aller Hilfen im Verlauf der Ausbildung heißt »konsequente, artgerechte Erziehung des Pferdes«. Auf dieser Erziehung baut jede Art der Arbeit mit dem Pferd auf – egal, ob am Boden oder vom Sattel aus. Der Mensch imitiert das Leittier der Herde und erzieht das junge Pferd so, wie es auch in der Herde erzogen würde. Das geht, genau wie in der Herde, nicht ohne gelegentliche »Knüffe« und deutliche Abgrenzung der Befugnisse ab. Dem unbedarften Beobachter mögen solche »Deutlichkeiten«, die auch mal einen Fußtritt beinhalten können, manchmal brutal erscheinen; doch vom Pferd werden sie richtig verstanden, denn auch der Herdenchef fackelt nicht lange, wenn er ein Jungtier diszipliniert: da hagelt es Tritte und Bisse.

Grundbedürfnisse

Um erfolgreich mit einem Pferd zu arbeiten, muss der Mensch das Pferd zwar als Schüler bzw. Partner behandeln, er muss es aber auch Pferd sein lassen und darf nicht versuchen, menschliche Maßstäbe anzulegen, was dessen Grundbedürfnisse angeht. Ein Pferd braucht keinen klimatisierten Stall mit 23 Stunden Boxenruhe, kein Solarium und kein Sortiment von Shampoos und Pülverchen. Es braucht stattdessen so viel freie Bewegung im Auslauf oder auf der Weide wie möglich, am besten im Herdenverband – auch wenn Sie es mit einer Schlammkruste auf dem Fell von der Weide holen und etwas länger putzen müssen. Wem das aufgrund der durchaus vorhandenen Verletzungsgefahr zu riskant ist, sollte seinem Pferd zumindest eine Einzelweide oder einen Paddock mit Kontakt zu den Nachbarpferden gönnen.

Freier Ausblick aus der Box, so dass das Pferd mitbekommt, was draußen vorgeht sowie viel Licht, Luft, saubere Einstreu und schimmelpilz-

Ein Sand- und Sonnenbad auf dem Paddock dient dem Wohlbefinden des Pferdes.

Jedes Pferd und jeder Reiter ist ein Individuum. Die vier Bilder zeigen unterschiedliche Pferdetypen.

freies, gutes Heu zum Sattfressen sind die Mindestvoraussetzungen für eine, den Bedürfnissen des Pferdes auch nur halbwegs angemessene, artgerechte Haltung.

Nur ein im Wesentlichen artgerecht gehaltenes Pferd fühlt sich wohl und befindet sich damit in einer lernbereiten Grundverfassung.

Ein Pferd mit angestautem Bewegungsdrang muss erst seine nervöse Energie irgendwo loswerden, bevor es sich auf den Ausbilder konzentrieren kann.

Ein Pferd, welches den ganzen Tag in der Box steht, muss viel länger in Schritt und Trab gelöst werden als eines, was sich den ganzen Tag so viel bewegen kann, wie es möchte. Auf der Weide trainieren sich die Pferde selbst, zumindest was die Ausdauer angeht.

Pferde, die den ganzen Tag draußen sind und dort den unterschiedlichsten Reizen ausgesetzt werden, sind auch viel weniger schreckhaft als Pferde, die nichts außer Reithalle und Stall zu sehen bekommen.

Individualität achten

Jedes Pferd ist ein Individuum mit speziellen Eigenarten, Stärken, Schwächen, Vorlieben und Abneigungen. Es gibt einige Übungen und Aufgaben, die jedes Pferd in kürzester Zeit bewältigen kann. Dazu gehören einfache Lektionen am Boden, die den Rang des Menschen klarstellen und festigen (Ausweich- und Gehorsamsübungen). Zwar wird es Unterschiede in den Reaktionen geben – ein sensibles, nervöses Prinzesschen wird schneller und anfangs hektischer ausweichen als ein gemütlicher Vertreter – aber prinzipiell können solche Übungen schnell abgeschlossen werden. Danach wird's komplizierter: Jedes Pferd hat sein eigenes Lerntempo, seine »bevorzugten« Angstauslöser und seine speziellen körperlichen Unzulänglichkeiten. Ein guter Ausbilder muss sich auf diese individuellen Unterschiede einstellen und jedes Pferd als etwas ganz Besonderes behandeln. Er muss auch sich selbst als etwas Besonderes sehen, seine eigenen Stärken, Schwächen und Vorlieben kennen sowie konstruktiv damit umgehen können.

v.l.n.r.: ein kurzes, kompaktes Camargue-Pferd, einen großrahmigen Warmblüter mit langem Rücken, einen Friesen und einen großen Welsh-Cob. Dass alle vier unterschiedliche Stärken und Schwächen haben, liegt auf der Hand.

Andernfalls »reden« zwei Individuen aneinander vorbei und machen sich gegenseitig das Leben schwer.

So viel zum einführenden psychologischen Teil – kommen wir nun zu den Grundlagen der Anatomie.

Anatomie für Reiter

Koordination und Gleichgewicht

In fast allen Sportarten ist es inzwischen völlig klar, dass der Sportler trainieren muss, um fit zu werden, sein Gleichgewicht und seine Koordination zu verbessern, seine Muskeln geschmeidig zu halten und seine körperlichen Schwachstellen zu minimieren bzw. zu kompensieren. Unlogischerweise hat sich dies noch nicht bis zu allen Reitern und Reitausbildern herumgesprochen. Zwar gibt es ausgeklügelte Trainingsprogramme für Hochleistungspferde, doch für den Reiter (und oft auch für die breite Basis der Freizeitpferde) fehlen diese meistens.

Dabei ist gerade das Pferd-Reiter-Paar mit zwei verschiedenartigen Partnern und angestrebtem gemeinsamem Gleichgewicht extrem anfällig gegen Störungen. Konditionsmangel, eingeschränkte Beweglichkeit, fehlende oder falsche Muskulatur an wichtigen Stellen, Gleichgewichts- und Koordinationsprobleme wirken sich bei zwei Partnern gleich doppelt schlimm aus.

Die Schwebephase – ein Moment besonders instabilen Gleichgewichts für das Pferd.

Eine extreme Gleichgewichtssituation: Das Pferd befindet sich in der instabilen Einbeinstütze im Galopp und der Reiter verlagert sein Gewicht, spieltechnisch bedingt, nach außen. Um nicht nach außen zu kippen, stellt das Pferd das äußere Hinterbein nach außen und den Hals vermehrt nach innen. Der freie Hals als Balancierstange ist hierbei sehr wichtig.

Das unausbalancierte Pferd bringt den Reiter in Schwierigkeiten und umgekehrt der unausbalancierte Reiter das Pferd – genauso wie ein aus dem Gleichgewicht geratener Tänzer seinen Partner mit »umwirft«.

Aus diesem Grund müssen Mensch und Pferd unabhängig voneinander zuerst ins eigene Gleichgewicht gebracht werden – das junge Pferd an der Longe und später unter einem gut ausbalancierten, erfahrenen Reiter und der junge bzw. unerfahrene Reiter auf einem erfahrenen, ausbalancierten Pferd, welches nichts mehr so leicht »aus der Fassung« bringen kann. Dann erst kann die Arbeit am gemeinsamen Gleichgewicht beginnen.

Richtig tragen und richtig sitzen

Das Pferd muss lernen, das Reitergewicht richtig zu tragen und der Reiter muss lernen, richtig in allen Gangarten zu sitzen.

Was genau »richtig« ist, definiert sich aus der Anatomie von Reiter und Pferd. Da weder alle Reiter noch alle Pferde anatomisch gleich »gebaut« sind, gibt es große Unterschiede für die Bedeutung von richtig und falsch. Was für einen Reiter richtig oder auch nur übergangsweise sinnvoll sein kann, ist für den anderen Unsinn oder (noch) nicht machbar. Das Gleiche gilt fürs Pferd. Die unendlichen Kombinationsmöglichkeiten mit unterschiedlichsten anatomischen Gegebenheiten bei Pferden und Reitern machen jede Reiter-Pferd-Kombination zu einem absolut einzigartigen Paar, das eine sehr individuelle Behandlung seitens des Ausbilders braucht. Es ist unmöglich, alle Reiter und Pferde über einen Kamm zu scheren und sie in die gleiche Form pressen zu wollen. Leider wird genau das von unbedachten und unsensiblen Reitlehrern gerne getan, die nicht in der Lage sind, Bewegungsabläufe sowohl optisch als auch gefühlsmäßig in einem Gesamtzusammenhang wahrzunehmen.

»Richtig« bedeutet zweckmäßig und das heißt in Kürze: Pferd und Reiter dürfen keine Überlastungsschäden an Knochen, Sehnen und Muskeln erleiden. Wobei das Pferd aufgrund seiner »tragenden Rolle«, seines zwischen Widerrist und Kreuzbein »durchhängenden« Rückens und seiner starren Vorhand eher in Gefahr ist, als der Reiter. Die Gefahr für den Reiter besteht zwar hauptsächlich darin, »unglücklich« vom Pferd zu fallen und sich dabei ernsthaft zu verletzen. Es gibt jedoch auch Reiter, die sich so stark beim

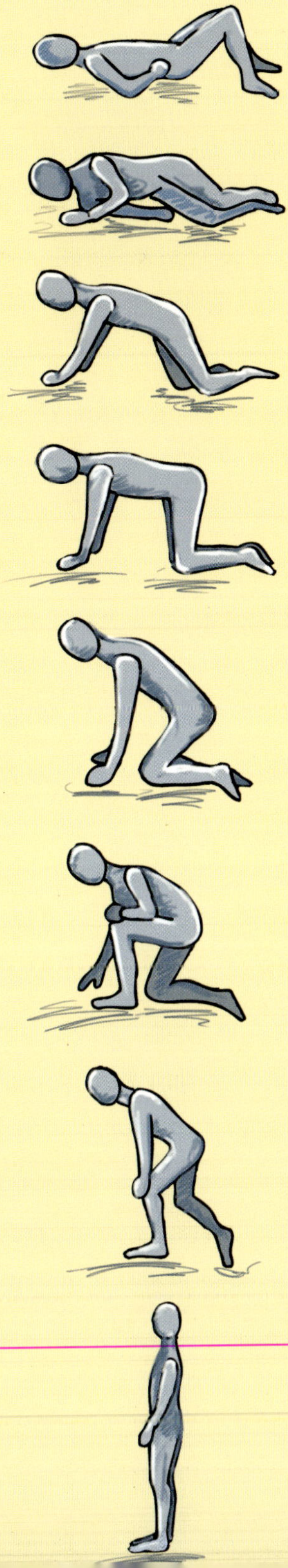

Sitzen verkrampfen, dass sie nach jeder Reitstunde eine Lockerungsmassage brauchen. Diese Reiter blockieren dabei nicht nur sich selbst, sondern auch das Pferd unter ihnen. In solchen Fällen kann es oft besser sein, sich seiner Bewegungen und seiner Muskelspannung bei dieser und jener Bewegung erst einmal ohne Pferd in einer Art «Trockentraining« bewusst zu werden. Ein wenig funktionelle Gymnastik im Hinblick auf die Anforderungen des Sitzens auf dem Pferd, der gezielte Aufbau zu schwacher Muskeln und die Dehnung und Entspannung zu starker oder verkürzter Muskeln sowie Konditionstraining tun ein Übriges für ein besseres, d.h. leichteres und effektiveres Zusammenwirken der Bewegungen von Pferd und Reiter. Die links abgebildete Übungsreihe des kraftsparenden und effektiven Aufstehens aus dem Liegen soll ein Beispiel für den funktionellen Gebrauch des Körpers darstellen und die Möglichkeiten des Trockentrainings illustrieren.

Der Ablauf des Aufstehens aus dem Liegen von oben nach unten:

- *Liegen Sie entspannt mit aufgestellten Beinen.*
- *Schwingen Sie die Beine zur Seite und lassen Sie den Oberkörper folgen.*
- *Rollen Sie über Schulter und Hüfte in die kniende Stellung hoch – nutzen Sie dabei den Schwung aus dem Seitwärtsschwingen der Beine aus.*
- *Ziehen Sie die Arme Richtung Knie, stützen einen Fuß auf und richten sich auf.*

Wichtig bei der Übung:
Achten Sie auf einen weichen, fließenden Ablauf ohne »Kraftspitzen«.
Führen Sie die Übung einige Mal durch, halten danach an verschiedenen Stellen inne und vergegenwärtigen sich die Spannung in verschiedenen Teilen Ihres Körpers.
Fragen Sie sich: Welche Teile sind beteiligt an der momentanen Bewegung?
Habe ich irgendwo zu viel Spannung?
Blockiere ich einen Körperteil?
Kann ich's mir noch leichter machen?
Machen Sie die Übung nach beiden Seiten.
Welche Seite funktioniert besser?

Bewegung ganzheitlich wahrnehmen: Auf dem linken Bild befinden sich Reiterin und Pferd im Gleichgewicht, das Pferd trägt sich selbst am losen Zügel. Rechts sind beide kopflastig, die Reiterin lässt den Kopf hängen und das Pferd geht hinter der Senkrechten.

Die Kombination »unerfahrenes Pferd plus unerfahrener Mensch/Reiter« kann manchmal am Boden mit einem sehr selbstbewussten, souveränen Menschen noch funktionieren; die Arbeit im Sattel gestaltet sich jedoch fast unmöglich, weil Pferd und Reiter sich dauernd gegenseitig aus der Balance bringen oder blockieren (Ausnahme kann hier allenfalls die Arbeit im Schritt sein).

Die funktionellen Gesichtspunkte guten Reitens gliedern sich in drei hauptsächliche Themenkreise die in den folgenden Kapiteln ausführlicher erläutert werden.

- 1 Das Erreichen eines gemeinsamen dynamischen Gleichgewichts von Reiter und Pferd.
- 2 Das Erreichen der größtmöglichen Bewegungsfreiheit und Losgelassenheit von Reiter und Pferd.
- 3 Vermeiden von Überlastungsschäden durch falsches Training.

Übungen für gutes Bewegungsgefühl des Reiters:

Langsame, weiche, fließende Bewegungen ausführen; dabei Spannungsänderungen in der Muskulatur des gesamten Körpers wahrnehmen.

Bewusst entspannen, »Losgelassenheit« erreichen (z.B. progressive Muskelentspannung, autogenes Training).

Verkürzte Muskeln durch Dehnübungen verlängern. Beweglichkeit durch Gymnastik verbessern.

Kondition durch Ausdauertraining verbessern (kein Krafttraining – das Pferd soll nicht mit Kraft geritten werden).

Ruhig und fließend atmen.

Sich selbst und das Pferd erkennen

Sich selbst und das Pferd erkennen – das bedeutet im Wesentlichen folgendes:

1 Der Mensch muss sich seiner selbst bewusst werden, um zu erkennen

- wie er auf die Außenwelt – und auf das Pferd – wirkt,
- ob seine (oft unbewussten) körpersprachlichen Signale sich mit dem decken, was er bewusst ausdrücken will,
- welche Ängste in ihm schlummern und seine Handlungen behindern,
- welche (Ver)Spannungen in seinem Körper die Leichtheit und Effektivität seiner Bewegungen und damit die Deutlichkeit seiner körpersprachlichen Signale beeinträchtigen,
- welche Fähigkeiten er schon besitzt,
- was er noch lernen muss und
- wie er am besten lernen kann.

2 Der Mensch muss sein Pferd einschätzen lernen, damit

- er dem Pferd nichts zumutet, was es (noch) nicht leisten kann,
- er sich dem Pferd gegenüber dort, wo es nötig ist, mit aller Konsequenz durchsetzt,
- er sich selbst und das Pferd nicht in Gefahr bringt,
- er die seinem Pferd angemessene Lehrmethode finden kann.

3 Funktionelle Zusammenhänge (Funktionskreise) erkennen

Der reitende Mensch muss die funktionellen Zusammenhänge bei bestimmten Bewegungsabläufen in seinem eigenen Körper, dem des Pferdes und schließlich der gesamten Pferd-Reiter-Kombination (er-)kennen, um durch geziel-

Das Pferd einschätzen: Dieses Pferd zeigt einen freundlichen, interessierten Gesichtsausdruck; es ist aufmerksam aber nicht alarmiert.

Das Pferd einschätzen: Dieses Pferd zeigt mehr Spannung als der Schimmel links, der hochgedrückte Hals verrät die Anspannung (leichte Alarmhaltung).

Der Zusammenhang zwischen Angst und Muskelverkrampfung zeigt sich im Reflex des Zusammenkrümmens.

tes Eingreifen an der richtigen Stelle Probleme zu beheben bzw. gar nicht erst entstehen zu lassen. Und um die Voraussetzungen für die Minimierung von Hilfen zu schaffen. Um solche »Funktionskreise« soll es in den nächsten Kapiteln hauptsächlich gehen.

Diese Funktionskreise haben fast immer neben muskulären Komponenten auch psychische Anteile. Der Zusammenhang zwischen Angst und Muskelverkrampfung ist zum Beispiel hinreichend bekannt.

■ 4 Das Übel an der Wurzel packen – Die Ursache von Problemen erkennen und dort mit der Korrektur ansetzen

Es gibt immer mehrere Wege, auftretende Probleme zu lösen, mehrere Stellen, an denen man ansetzen kann. Manche Methoden sind effektiver, weil sie die eigentliche Ursache des Übels beseitigen. Andere kratzen nur an einem Symptom herum, lassen die eigentliche Ursache jedoch unberücksichtigt. Mit solchen Korrekturversuchen an sichtbaren Symptomen kann unter Umständen eine kleine Verbesserung erreicht werden, die jedoch oft nicht dauerhaft sein wird. Die meisten Reiter sind versucht, mit ihren Korrekturmaßnahmen beim Pferd anzusetzen. Das Pferd selbst ist jedoch in den selteneren Fällen der Auslöser von Schwierigkeiten. Vielmehr sind es Blockaden und Spannungen im Körper des Reiters, mangelndes Einfühlungsvermögen, fehlende Souveränität, Geduld oder Konsequenz des Menschen und so weiter ...

Zu erkennen, dass ein im Becken blockierter Reiterkörper das Pferd in seinen Rückenbewegungen behindert oder der Mensch eine Hilfe mit einer anderen neutralisiert, bringt das Reiter-Pferd-Paar im Allgemeinen schneller weiter, als z.B. das Herumkorrigieren mit Hilfszügeln an der Haltung des Pferdes. Die Haltung des Pferdes unter dem Reiter spiegelt nur die Abläufe im gesamten System Reiter-Pferd. Sie kann nicht ohne Änderung des Reiterverhaltens dauerhaft geändert werden. Und nicht ohne Kenntnis der muskulären Zusammenhänge im Pferdekörper.

Um zu erkennen, an welcher Stelle welche positiven oder negativen Prozesse im Gesamtsystem Reiter-Pferd ausgelöst oder verstärkt werden, werden in den Kapiteln 2, 3 und 4 die wichtigsten »Regelkreise« und Funktionszusammenhänge hinsichtlich Haltung und Bewegung erläutert – zuerst für den Menschen (2), dann für das Pferd (3) und im letzten Kapitel für das Gesamtsystem Reiter plus Pferd (4).

Gewohnheitsmäßig ineffektive oder falsche Bewegungsmuster und Handlungen sind schwerer zu korrigieren als etwas ganz Neues zu erlernen.

Kapitel 2 Funktionskreise beim Reiter

Die Selbsterkenntnis und das Selbstgefühl des Reiters – Reflexe, Gewohnheiten, Verspannungen und wie man sie ändern kann.

2.1 Verstand, Bewusstsein und Gefühl

Beginnen wir mit der Selbsterkenntnis des Reiters auf der psychischen Ebene. Hinsichtlich des Umgangs mit Pferden sind vier wichtige Themenkreise zu berücksichtigen, die jedoch nicht isoliert wirken, sondern sich an vielen Stellen überlappen:

■ 1 Selbstsicherheit und Souveränität (Selbstbewusstsein)

Dieser Themenkreis berührt die körperliche, psychische und emotionale Ebene. Der Umgang mit den Auslösern und Symptomen der Angst gehört in diesen Bereich, die möglicherweise notwendige Veränderung eines Selbstbildes sowie das Verständnis der Wechselbeziehung zwischen innerer und äußerer Haltung.

■ 2 Einfühlungsvermögen, Sensibilität und Körperbewusstsein.

Diese Themen berühren die körperliche und emotionale Ebene. Hier geht es darum, fühlen und sehen zu lernen, Körperhaltungen und Bewegungen von Pferd und Reiter hinsichtlich ihrer Zweckmäßigkeit und Eleganz beurteilen zu lernen, (Ver)spannungen zu erkennen und ein Zuviel an Spannung bzw. Spannung an der falschen Stelle gezielt zu eliminieren.

Es gilt die Beziehung: Selbstbewusster, losgelassener Reiter – losgelassenes, aufmerksames Pferd.

■ 3 Vorausschauendes, folgerichtiges (logisches) Handeln.

Hier geht es um die geistige Ebene, den »gesunden« Menschenverstand. Durch klare Konzepte und Ziele, logisches Ordnen von Informationen und »pferdgerechte Lehrmethoden«, können viele Schwierigkeiten vermieden und auftauchende Probleme schneller gelöst werden.

■ 4 Konzentration und Aufmerksamkeit

Hier geht es auf der geistigen Ebene darum, durch bewusstes Ausschalten von Ablenkungen den Verlust an Informationen, die ständig zwischen Reiter und Pferd ausgetauscht werden, so gering wie möglich zu halten. Das betrifft sowohl die Informationen, die das Pferd dem Menschen

Wenn sich Pferd und Reiter ohne unnötige Spannung aufeinander konzentrieren, kommt die angestrebte leichte Eleganz zustande.

vermittelt (es »zeigt« dem Menschen fast immer, was es zu tun beabsichtigt) als auch die Informationen, die der Mensch dem Pferd bewusst geben will, um es zu lenken (die Hilfen).

Gewohnheit schaltet das Denken aus

Bewusstheit, reflektierendes Denken, vorausschauendes Handeln – all dies sind rein menschliche Fähigkeiten. Sie erst ermöglichen es dem Menschen, ein Pferd als Reitpferd auszubilden und ein komplexes Verständigungssystem (Hilfensystem) aufzubauen.

Sich seiner selbst bewusst sein, die so genannte »Bewusstheit« impliziert viele Bedeutungen. Es bedeutet zum Beispiel in der einfachsten Form, dass der Mensch wach ist (bei Bewusstsein, nicht schlafend und nicht ohnmächtig). In der komplexeren Form (und um die soll es hier gehen) bedeutet es, dass ein Mensch sich seiner Fähigkeiten bewusst ist. Oder dass er ganz genau weiß, was sein Körper im Augenblick wirklich tut. Wie oft gehen wir die gleiche Treppe hoch, denken dabei an irgendetwas und wissen noch nicht einmal, wie viele Stufen sie hat. Wir können sie blind hinauf- und hinuntergehen, können fühlen, ob die Stufen die richtigen Abmessungen haben, greifen immer an die gleiche Stelle des Geländers, haben die Stufen jedoch nie bewusst gezählt. Hier reagiert der Körper automatisch, ohne dass der Verstand bewusst eingeschaltet wird. Nennen wir dies Phänomen die Gewohnheit. Sie entlastet den Verstand davon, über wiederkehrende Handlungen nachzudenken. Auf diese Weise fahren wir Auto, lesen oder laufen wir. Leider ist die Gewohnheit nicht unfehlbar. Viele gewohnheitsmäßige Handlungen sind ineffektiv. Sie vergeuden Kraft und erzeugen Verspannungen. Das wird jedoch nicht erkannt, weil die Gewohnheit das Denken ausschaltet. Gewohnheiten zu ändern ist sehr schwer, weil die »Automatik« die Steuerung des Systems übernommen hat. In automatisierte Handlungen bewusst eingreifen zu wollen, sie zu verändern, kostet anfangs sehr viel Energie – in Form von Konzentration und Aufmerksamkeit auf den Ablauf der Handlung.

Schlechte Gewohnheiten und Fehler sind anhänglich

Deswegen erfordert auch bei Reitern (und Pferden) die Korrektur gewohnheitsmäßig eingeschliffener Fehler viel mehr Energie, als das richtige Erlernen einer Bewegung von Anfang an.

Wird eine Bewegung mit Kraft ausgeführt, so geht das Gespür für die Feinheiten verloren. Das gilt insbesondere für die Zügelführung.

Um eine Bewegung hinsichtlich ihrer Effektivität und Schönheit zu verbessern, muss unnötige Spannung aus ihr eliminiert werden.

Energie ist jedoch nicht gleich Kraft. Mit vermehrtem Kraftaufwand bei einer Bewegungskorrektur erreicht man das Gegenteil des Erwünschten. Wird eine Bewegung mit Kraft verändert, so geht das Gespür für die Feinheiten verloren. Der Reiter wird dann nicht sensibler, sondern grober in seiner Einwirkung. Seine Fähigkeit, dem Pferd »zuzuhören« geht verloren, statt sich zu verbessern. Eine Bewegungsänderung über das Gefühl ist also nötig. Eine Bewegung soll nicht nur ihren Zweck erfüllen, sondern sich zudem auch noch angenehm anfühlen. Nicht die pure Kraft ist entscheidend, sondern die Qualität der Bewegung. In dieser Hinsicht optimierte Bewegungen erfordern nicht mehr, sondern weniger Kraft als zuvor. Ein ausgesprochenes Krafttraining ist also für den Reiter nicht notwendig, denn mit Kraft allein wird er ein Pferd nie »schön« reiten können. Vielmehr geht es darum, Bewegungsabläufe gut zu koordinieren und in genau dem richtigen Zeitpunkt genau das richtige Signal zu geben – und zwar mit dem minimal möglichen Kraftaufwand.

Die Muskulatur drückt unsichtbare, innere Abläufe im Körper aus

»Das Unbewusste« und »das Unsichtbare« drücken sich über die Muskulatur aus. Nur an einer Veränderung der Muskelspannung sind oft unsichtbar ablaufende Prozesse im Körper des Menschen überhaupt von außen zu erkennen. Mimik, Gestik, Körperhaltung und Stimme stellen äußerlich sichtbar dar, was die Persönlichkeit des

Zu viel Spannung im Sitz der Reiterin und zuviel Einwirkung des inneren Zügels – das Pferd verzieht das Gesicht und drückt den Hals hoch (und die Schulter herunter).

In dieser Phase des Leichttrabens stimmt die Grundspannung. Das Pferd trägt sich selbst, die Reiterin sitzt leicht vorwärts orientiert ein, die innere Hand gibt nach.

Menschen ausmacht – seine Schwächen und Stärken, seinen emotionalen Zustand (Angst, Zuversicht, Unsicherheit, Souveränität), seinen körperlichen Zustand (Müdigkeit, Kraft, Energie) und seine Absichten (Ausrichtung auf ein Ziel, Willenskraft).

Das Gleiche gilt übrigens fürs Pferd – auch hier drücken sich alle innerlich ablaufenden Prozesse über die Haltung und die Bewegungen des Pferdes aus. Deswegen wird ein Pferd, dem die innere Ruhe fehlt, sich nie leicht, elegant und frei bewegen können.

Innere und äußere Haltung stehen immer in direkter Beziehung zueinander. Oft muss zuerst die innere Einstellung verändert werden, um an der äußeren Haltung etwas zu verbessern. Manchmal muss man jedoch zuerst die äußere Haltung verbessern, um einen inneren Wandel vorzubereiten und einzuleiten.

Um eine Bewegung hinsichtlich ihrer Effektivität und »Schönheit« zu verbessern, muss alles Unnötige an Spannung eliminiert werden. Das gilt für Bewegungen von Mensch und Pferd gleichermaßen – und für die Bewegungen des Reiter-Pferd-Paares insbesondere. Im Fachjargon der Reiter heißt das Ganze dann Losgelassenheit. Dem Pferd muss der Mensch den Weg in die Losgelassenheit (unter dem Reiter) zeigen. Der Reiter muss sie sich selbst erarbeiten, braucht jedoch auch Anleitung dafür.

Wege in die Losgelassenheit – Körperarbeit

An diesem Punkt – der Losgelassenheit – setzt die so genannte »Körperarbeit« mit verschiedenen Methoden an. Moshé Feldenkrais und F.M. Alexander sind die hierzulande bekanntesten Vertreter dieser Körperarbeit. Durch gezielte Übungen werden dem Menschen zu hohe (falsche) Spannungen in Teilen seines Körpers bewusst gemacht. Über diese – neu bzw. wieder erworbene – Bewusstheit führt der Weg zur Verbesserung der Effektivität und Leichtheit von Bewegungen, zu einer besseren Aufrichtung des

Zu viel Spannung im Sitz: Die Reiterin richtet ihren Oberkörper mit zu viel Willenskraft auf – der Sitz ist steif und unbeweglich.

Muskuläre Veränderungen kommen schon zustande, wenn der Mensch sich im Geiste mit einer Handlung/Aktion beschäftigt. Deswegen kann man viele Situationen in der Vorstellung durchspielen (mentales Training). Und deswegen funktioniert die (Um-)Programmierung eingeschliffener Gewohnheiten über Vorstellungsbilder.

Mimik, Gestik, Körperhaltung und Stimme stellen äußerlich sichtbar dar, was die Persönlichkeit des Menschen ausmacht. Ähnliches gilt fürs Pferd.

Hier ist der Sitz weniger steif; durch den zu fest und zu lange angedrückten Schenkel kommt jedoch wiederum zu viel Spannung ins Becken und damit in den Sitz.

Oberkörpers, d.h. zu einer besseren Haltung. Und zum Erkennen des inneren Zustands, der mit einer bestimmten äußeren Haltung untrennbar verknüpft ist.

Hat der Mensch seine zu hohe Spannung erkannt, so kann er durch bewusstes Entspannen auf der körperlichen Ebene auch sein inneres Selbst entspannen. Fehlt ihm Spannung (Energie), so kann er sich nötigenfalls innerlich (mental) »aufrichten«, um auch äußerlich aufrechter zu werden.

Eine angemessene Grundspannung im Sitz, die dem Schwung und der starken Rückenbewegung des Pferdes Rechnung trägt.

Die Möglichkeit der Veränderung der inneren Einstellung bis hin zum Selbstbild des Menschen durch eine Änderung an den äußerlich sichtbaren Ausdrucksformen (der Bewegung) ist eine der großen Erkenntnisse von Feldenkrais. Diese Wechselbeziehung ist der Grund, warum der Mensch sich durch »Neuorganisation« seiner Muskulatur auch »innerlich entwickeln« kann. Schon die alten Römer kannten die Beziehung zwischen Körper und Geist und drückten sie mit dem Satz »Mens sana in corpore sano – ein gesunder Geist in einem gesunden Körper« aus.

2.2 Funktionelle Zusammenhänge auf der körperlichen Ebene des Menschen

Sie werden sehen, dass manche Körperteile mehrfach in verschiedenen Zusammenhängen auftauchen – d.h. die einzelnen Funktionskreise haben eine Verbindung untereinander. Besonders der Arbeit und Stellung des Beckens kommt eine zentrale Bedeutung zu. Sowohl für die Steuerung fast aller Abläufe im Reiterkörper als auch als Verbindungsstelle zum Pferderücken.

2.2.1 Haltung – Rumpf und Kopf

Körperspannung des Reiters – Beweglichkeit des Beckens – Beckenstellung – Wirbelsäulenbeweglichkeit – Aufrichtung im Oberkörper – Aufrichtung in der Halswirbelsäule – Schulterhaltung – Kopfhaltung – Blickrichtung

Haltung

Haltung ist Bewegung, d.h. ständiges Ausbalancieren um eine stabile Mittelstellung herum.

Haltung ist Bewegung

Haltung kann nie statisch sein. Das gilt schon für die optisch ruhige Haltung des Menschen im Stehen oder Sitzen. Probieren Sie es aus. Stellen Sie sich aufrecht hin, schließen Sie die Augen und versuchen einfach still stehen zu bleiben. Konzentrieren Sie sich auf die Spannung in Ihrem Körper; Sie werden merken, dass Sie ständig kleine Ausgleichsbewegungen vornehmen, um in der Senkrechten zu bleiben. Sie schwanken leicht nach vorn, hinten oder zur Seite. Dieser Aus-gleich wird hauptsächlich über die großen Muskelketten in den Beinen vorgenommen. Dabei wird die stabilste Position immer wieder erreicht und verlassen, ähnlich wie bei einem Pendel, welches immer wieder durch das Lot hin und her pendelt. Während das unbelebte Pendel sich jedoch irgendwann in die stabile Ruhestellung »einpendelt«, ist das beim Menschen nicht möglich. Seine aufrechte Haltung wird immer »beweglich« bleiben, weil sein Schwerpunkt relativ hoch sitzt und weil er seine Asymmetrien beständig ausgleichen muss.

Diese doch recht instabile aufrechte Haltung hat allerdings auch große Vorteile. Sie schafft eine sehr gute Ausgangsbasis für schnelle Bewegung in jede Richtung.

Nur im Liegen können die meisten Muskeln entspannen. Die meisten – nicht alle, denn die Muskulatur, die nicht der Willkür unterworfen ist, arbeitet auch im Liegen weiter: Atmung, Herzmuskel und teilweise auch die tiefe Rumpfmuskulatur, die mit ihrem Grundtonus (ihrer Grundspannung) auch stimmungsabhängig ist und bis zu einem gewissen Grad automatisch reagiert (siehe auch Reaktionsmuster Angst – Beugemuster, Seite 63ff).

Wenn Haltung in Ruhestellung schon Bewegung ist, wie viel mehr Bewegung erfordert dann Haltung in Bewegung – beim Laufen, Hüpfen, Klettern und schließlich beim Tanzen oder Reiten, wobei der Körper des Menschen sich auf einen zweiten einstellen muss?

Beim Tanzen bewegt sich der menschliche Körper im Einklang mit einem anderen. Beide Partner haben in den allermeisten Fällen eine jeweils eigene Achse, über die sie sich ausbalancieren. In seltenen Fällen bei manchen Tanz-Figuren haben sie auch eine gemeinsame Achse – und damit kurzfristig ein gemeinsames Gleichgewicht. Dann ist die Gefahr groß, dass ein Partner den anderen aus dem Gleichgewicht bringt.

Beim Reiten wird der menschliche Körper durch den des Pferdes »mitbewegt«. Beide haben ständig ein gemeinsames Gleichgewicht. Wenn beider Schwerpunkte senkrecht übereinander liegen, ist das Reiter-Pferd-Paar gemeinsam ausbalanciert.

Eine instabile (= aufrechte) Haltung ermöglicht große Bewegungsfreiheit.

Prinzipien für elegante und zweckmäßige Bewegungen am Boden und im Sattel:

Die Halswirbelsäule frei machen.
Den Rücken längen und weiten.
Schultern und Ellbogen fallen lassen.
Atmung fließen lassen.
Das Becken und die Knie entspannen (am Boden).
Die Gesäßknochen spüren (im Sattel), flexibel sitzen.

Der Reiter muss Haltung auf einem sich bewegenden »Untergrund« bewahren und dafür diese Haltung ständig verändern und oft sehr schnell verschiedenen Rhythmen und Situationen anpassen. Nur dann hält er sein Gleichgewicht. Der Sitz auf dem Pferd ist also eigentlich kein Sitz, sondern ein ständiges Ausbalancieren auf den Gesäßknochen über die stabilste Mittelstellung. Die schnelle und adäquate Anpassung der Position auf dem Pferderücken an alle – vorhersehbaren und unvorhersehbaren – Bewegungen des Pferdes macht den guten Reiter aus. Ein gutes Gleichgewicht hält die Gliedmaßen frei für bewusste Aktionen (Steuerung).

Die richtige Haltung und das gute Gleichgewicht, benötigen sowohl richtige Spannung als auch richtige Entspannung.

Aufrechte Haltung braucht eine grundsätzliche Körperspannung (Muskeltonus), sonst sackt der Mensch in sich zusammen. Balance in der Bewegung braucht zudem rhythmisch wechselnde Spannung, wobei das richtige Entspannen dabei fast noch wichtiger ist als das Anspannen.

Körperspannung

Die richtige Körperspannung des Reiters ist das A

Springgymnastik trainiert die schnelle Anpassung der Position des Reiters an die Bewegungen des Pferdes.

und O des muskulären, »technischen« Teils beim Reiten. Sie darf weder zu hoch sein noch zu niedrig. Beides hemmt die Beweglichkeit der Wirbelsäule und wirkt blockierend auf den Pferderücken.

Die Körperspannung sorgt für die Aufrichtung des Reiter-Oberkörpers. Der aufrechte Oberkörper sorgt wiederum dafür, dass der Reiter im Gleichgewicht, das heißt stabil, sitzen kann und die Gliedmaßen »frei« sind, um »unabhängig« agieren zu können. Knie, Oberschenkel und Hände bzw. Arme dürfen nicht zum Festhalten benutzt werden, sondern sollen gezielt für fein »ausgesteuerte« Hilfen eingesetzt werden.

Für die Aufrichtung im Oberkörper sind hauptsächlich die so genannten »Rückenstrecker« zuständig, die sich im Rücken des Menschen entlang der Wirbelsäule vom Becken bis zur Schulter ziehen. Verkürzen sie sich (ziehen sich zusammen), so richtet sich die Wirbelsäule auf; werden

Überstreckt: Die Reiterin sitzt gezwungen gerade und hat durch die heruntergedrückte Hand zu viel Spannung in Arm und Schulter.

Zusammengefallen in extremer Form: Kopf in der Halswirbelsäule abgeknickt, Knie und Absatz hochgezogen, bohrender Schenkel.

sie gedehnt, so fällt der Oberkörper im Brustkorb zusammen. Die Dehnung der Rückenstrecker wird hauptsächlich durch eine Verkürzung der Bauchmuskeln erreicht.

Unbeweglichkeiten – Überstrecken und Zusammenfallen

Verkürzen sich die Rückenstrecker zu stark, so fällt der Oberkörper ins Hohlkreuz. Nimmt der Reiter nun noch die Schultern mit Gewalt nach hinten, so verkürzen sich auch die Trapezmuskeln im Schultergürtel und verstärken das Hohlkreuz. Legt er zusätzlich den Kopf in den Nacken, so führt dies zu einer weiteren Überstreckung nach hinten und zur weiteren Verstärkung des Hohlkreuzes. Der ganze Oberkörper ist nach hinten überstreckt und wird unbeweglich, weil die Wirbelsäule nicht mehr frei zwischen den beiden Polen »leichtes Hohlkreuz« (Verstärkung der S-Form) und »gerade Stellung« (Abschwächung der S-Form) schwingen kann. Der Beckenkamm ist in dieser überstreckten Stellung nach vorn gekippt, das Gesäß nach hinten herausgestreckt.

Eine ganz ähnliche Unbeweglichkeit entsteht, wenn der Oberkörper nach vorn zusammenfällt. Die Ursachen sind ein leichtes Einziehen des Bauches (Anspannen, d.h. Verkürzen der Bauchmuskulatur), ein Vorfallen von Brustkorb und Schulter und ein Hängenlassen des Kopfes. Die Wirbelsäule wird in dieser »buckligen Haltung« in die »gerade Stellung« gedrängt und kann wiederum nicht frei schwingen. Der Beckenkamm ist nach hinten gekippt, der Gesäßmuskel

Konzentration kann eine Verspannung bewirken, wenn man etwas zu sehr will.

Eine aufmerksame, wache, dabei jedoch entspannte Erwartungshaltung erhält die Sensibilität für die Botschaften des Pferdes und schafft schnellen Zugang zu »gespeicherten« Reaktionen.

Nicht den Kopf verlieren!

Ein gut ausbalancierter Kopf sorgt für eine gute Organisation des gesamten Reiter-Körpers. Deswegen reicht auch eine (richtige) Kopfdrehung aus, um ein gut gerittenes Pferd abzuwenden. Und ein Hängenlassen des Kopfes reicht, um den Reiter samt Pferd aus der Balance zu bringen.
Eine Überbeanspruchung der Halsmuskulatur kann eine Verspannung im gesamten Körper des Reiters bis hin zum Becken bewirken – und in diesem Fall auch das Schwingen des Pferderückens behindern.

Das »angezogene« Kreuz. Die Reiterin sitzt zwar gerade und mit lockeren Armen, hat aber das Becken gekippt und drückt zu stark mit dem Schenkel. Beides blockiert die Rückenbewegung von Reiterin und Pferd und taugt deswegen nicht zum Vortreiben.

(1) Der nach hinten überstreckte Kopf führt zu einem Knick in der Halswirbelsäule, der die Schultern versteift.
(2) Richtige Aufrichtung nach oben (freies Okzipitalgelenk).
(3) Richtiges Drehen.
(4) Falsches Drehen mit Überstreckung.
(5) Der Schwerpunkt des Kopfes liegt nicht über der Wirbelsäule,
(6) deswegen müssen die Hals- und Nackenmuskeln den Kopf vor dem Vorfallen bewahren.
Werden sie zu stark oder einseitig stärker angespannt, so fällt der Kopf in den Nacken (7) oder zur Seite (8) und die Halswirbelsäule wird schief. Das führt zu vermehrter, unerwünschter Spannung im ganzen Körper.

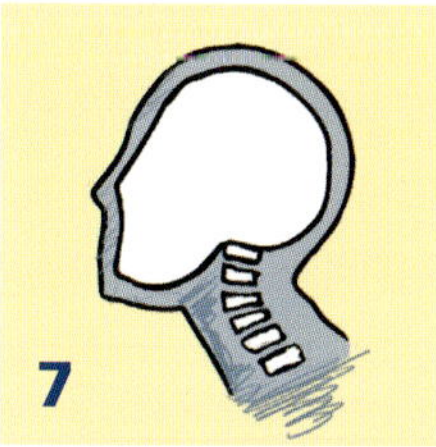

7

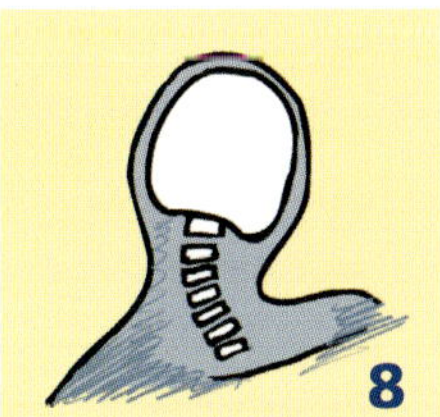

8

gespannt, das Gesäß also nach vorn gezogen. Auch das Hochziehen der Schulter, das »Einziehen« des Kopfes zwischen die Schultern, begünstigt diese gerade Stellung. Das Reiten mit vorgestreckten Armen, das Aufsetzen der Hände auf dem Widerrist und das beliebte »Hände-in-den-Bauch-ziehen«, wenn der Zügel nicht rechtzeitig nachgefasst wird, führen auch zu dieser Blockade der Wirbelsäule in der geraden Stellung (siehe auch: Angst, Seiten 63ff, 93ff).

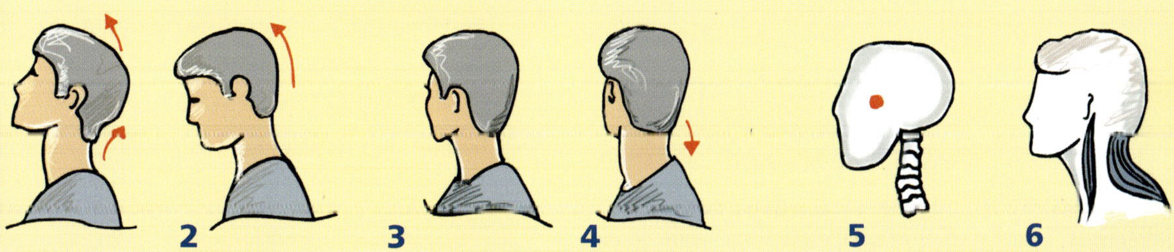

2 3 4 5 6

Das angezogene Kreuz bei lockerem Unterschenkel und leichtem Kniedruck – kurzfristiges bewusstes Blockieren der Bewegung für eine Parade.

Oberkörper verdreht, zu viel Spannung im linken Bein durch zu starkes Austreten des Bügels, innerer Zügel zu lang mit deswegen rückwärts wirkendem inneren Zügel.

Eine frei bewegliche Wirbelsäule – Bewegung überhaupt zulassen

Um ein freies Schwingen der Wirbelsäule zu ermöglichen, muss das Becken beweglich sein, muss also leicht zwischen nach vorn und nach hinten gekippter Stellung hin- und herwechseln können. Dazu ist es nötig, dass der Reiter die Spannung in Bauch- und Rückenmuskeln steuern kann. Er muss wahrnehmen können, wann welcher Muskel angespannt ist und nötigenfalls bewusst Spannung herausnehmen. Damit verhindert er ein »Feststellen« des Beckens in einer der Endstellungen.

Besonders in den Seitengängen, wie Schulterherein, Travers oder Traversale ist das Loslassen der Hüfte und des Beckens schwierig. Die meisten Reiter versuchen, das Pferd in die Seitwärtsbewegung hereinzuschieben und verspannen sich dabei, lassen die eigene Beckenbewegung nicht mehr zu. Leichter wäre es, einfach nur einseitig in Bewegungsrichtung die Hüfte etwas vorzuschieben, weiterhin locker in der Bewegung des Pferderückens mitzuschwingen und das Pferd hinter dem Reitergewicht »herzulocken« (das unverdorbene Pferd läuft unter das Reitergewicht ...). Siehe auch Biegung und Seitengänge – Funktionskreise Reiter+Pferd.

Nur, wenn die Wirbelsäule des Reiters frei ist, kann sie die Bewegungsimpulse vom Pferd leicht aufnehmen und in eigene Bewegung (Schwin-

Ein freies Okzipitalgelenk (der Übergang vom 1. Halswirbel zum Schädel) ist von besonderer Wichtigkeit für die Freiheit aller anderen Gelenke, insbesondere für Schulter und Becken/Hüfte.

Funktionell richtige Haltung im Arbeitstrab mit Minimalspannung im Sitz. Alle Gelenke federn frei, Kopf und Hände werden frei getragen.

Funktionell richtige Haltung in der Einsitzphase des Leichttrabens. Der Sitz bleibt vorwärts orientiert und entlastend, der Oberkörper ist in sich gerade und locker.

gung) umsetzen, die mit dem Auf- und Abschwingen des Pferderückens an der Schaltstelle Reitergesäß-Pferderücken im Einklang ist.

Man kann sich vielleicht vorstellen, dass die Pferdebeine das Becken des Reiters bewegen. Dieses »Sich-bewegen-Lassen« muss jedoch der Reiter zulassen und darf es nicht durch Muskelspannung »wegdrücken« bzw. kompensieren wollen. Genauso muss er akzeptieren, was ihm seine eigene Wirbelsäule an Bewegungsspielraum zugesteht. Seitliche Verkrümmungen, natürliches Hohlkreuz oder gerader Rücken können nicht einfach ignoriert werden, sondern müssen in die Haltung integriert werden. Deswegen sieht die ideale Haltung für einen Reiter mit Hohlkreuz auch anders aus als für einen Reiter mit normalem oder zu geradem Rücken. Die jeweiligen »Endstellungen« der Wirbelsäule sind einfach anders. Kriterien für »die richtige Haltung« für einen speziellen Reiter und ein spezielles Pferd können also nicht in einer formal richtigen Haltung gefunden werden, sondern in einer funk-

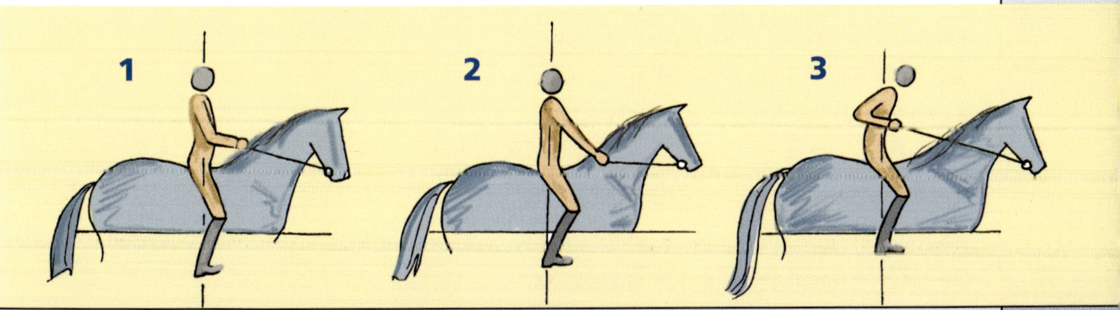

(1) Richtig aufgerichtet. (2) Blockiert durch steifen Arm. (3) Blockiert durch Einziehen des Bauches.

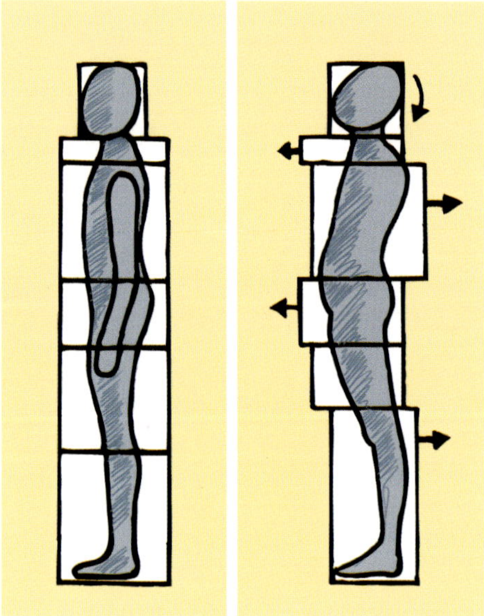

links: funktionell richtige Haltung im Stehen.
rechts: Unausbalancierte Haltung.

tionell richtigen Haltung. Die formal richtige Haltung (vom Pferd und vom Reiter) wird immer schablonenhaft und steif (unbeweglich) sein, weil sie die Besonderheiten von Pferd und Reiter nicht berücksichtigt. Die funktionell richtige Haltung braucht »Bewegung an den richtigen Stellen«. Und diese Stellen sind vorrangig das Becken, im weiteren Verlauf die Wirbelsäule und schließlich alle Gelenke, die aus der Gelenkmittelstellung hin und her federn müssen und in ihrer federnden Gesamtheit schließlich das Bild eines geschmeidig sitzenden Reiters ohne Steifheiten vermittelt.

Funktionell richtig statt formal richtig

Wie jedes Pferd, welches mit Schlaufzügeln in eine formal als richtig definierte Haltung »heruntergezogen« wurde, den gut geschulten Beobachter immer »Ausdruck«, Geschmeidigkeit und Losgelassenheit vermissen lässt, so hinterlässt der nur formal richtige Sitz des Reiters oft einen schalen Beigeschmack von Steifheit und fehlender Eleganz beim Betrachter. Der Reiter sitzt dann wie eine »Wäscheklammer« auf dem Pferd: gerade, aber unbeweglich.

Viele Zuschauer erkennen bei einem wirklich guten, losgelassenen Reiter-Pferd-Paar die Harmonie und die Einheit, die losgelassene Gesamtbewegung. In der Grauzone der nur halbwegs Guten lässt die Urteilsfähigkeit allerdings rapide nach. Ein im Rücken festes Pferd, welches den Reiter schlecht sitzen lässt, wird als schwungvoll beurteilt, wenn es nur »die Nase unten hat«. Eine steife Haltung des Reiters mit nach hinten überstreckten Schultern wird als richtig beurteilt, egal, ob er damit sitzen kann oder vom Pferderücken geworfen wird. Erstaunlicherweise haben die meisten Reiter nicht gelernt, Bewegung hinsichtlich ihrer funktionellen Qualität zu beurteilen, sondern bedienen sich formaler »Krücken«. Wie schon erwähnt ist auch Haltung Bewegung und zwar in ihrer kleinsten, feinsten, ausbalanciertesten Form.

Aus der Balance: (1) überstreckt (2) krumm. Beide Haltungen erfordern viel Kraft, um sie zu erhalten, weil nicht alle Teile des Körpers senkrecht übereinander angeordnet sind (siehe »Baukastensystem« oben links). Durch Muskelkraft muss die fehlende Balance ausgeglichen werden.

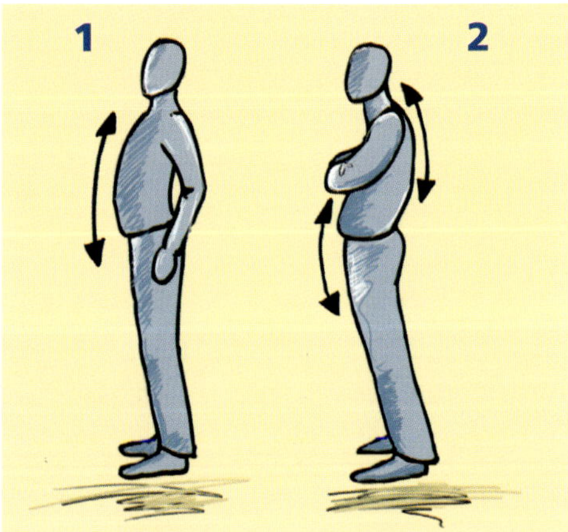

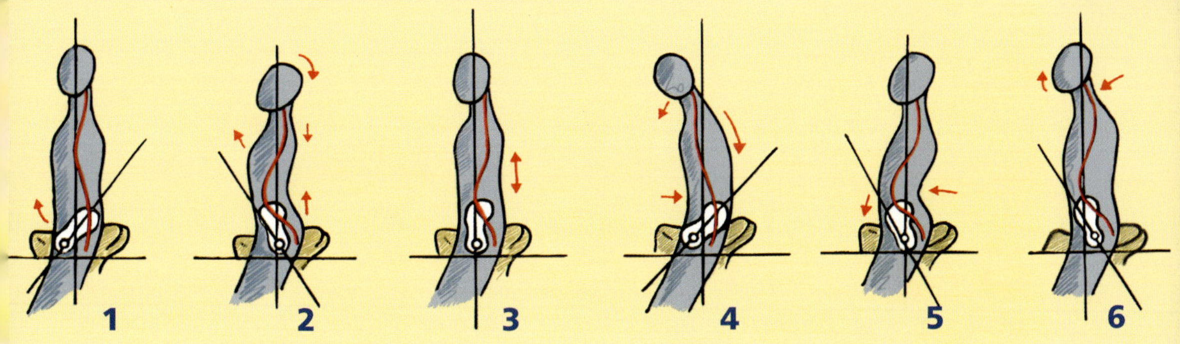

Funktionell gute Qualität jeder Bewegung und Haltung impliziert die jeweils leichteste, weichste, rundeste (minimale) Arbeit der Muskulatur. Und die muss zwingend für jedes Pferd, jeden Reiter und jedes Paar anders aussehen, denn die individuellen Unterschiede im Körperbau sind groß.

Das »festgehaltene Kreuz« eines Reiters wird man auf einem Pferd mit wenig Rückenbewegung nur mit sehr geübtem Auge erkennen. Ein schwungvolles Pferd mit viel Rückenbewegung wirft einen solchen Reiter jedoch »einen halben Meter« aus dem Sattel.

Andererseits wird das richtige Schwingen der Wirbelsäule des Reiters bei einem schwungvollen Pferd deutlich erkennbar und kann der »Sehschulung« dienen.

oben: Die verschiedenen Haltungen im Sattel und ihre Auswirkung auf die Beckenstellung.
(1) Becken bewusst nach hinten gekippt bei gerader Haltung = verhaltende Kreuzhilfe
(2) überstreckt im Hohlkreuz – Becken nach vorn gekippt
(3) Normalhaltung – Becken in Mittelstellung
(4) zusammengefallen – Becken nach hinten gekippt (blockierend)
(5) Hohlkreuz ohne Überstreckung (Becken nach vorn gekippt = Entlastung)
(6) Nur im Nacken überstreckt, Kinn vorgeschoben – auch hier kippt das Becken schon nach vorn aus der Mittelstellung heraus (Bedeutung der Kopfstellung!)

unten: Haltung
(1) überstreckt und steif
(2) die »Affenhaltung«, die auch mehr oder weniger beim Normal-Sitz (Mittelstellung) auf dem Pferd eingenommen wird
(3) die richtige aufrechte Haltung (der Rücken wird gelängt und geweitet, die Halswirbelsäule ist frei, die Knie sind locker
(4) zweckmäßiges Hinsetzen mit aus der Hüfte geradem Rücken (diese Stellung ist für das Leichttraben von Bedeutung)
(5) falsches, überstrecktes Hinsetzen mit zu viel Kraft
(6) falsches, zusammengefallenes Hinsetzen (zu schlaff).

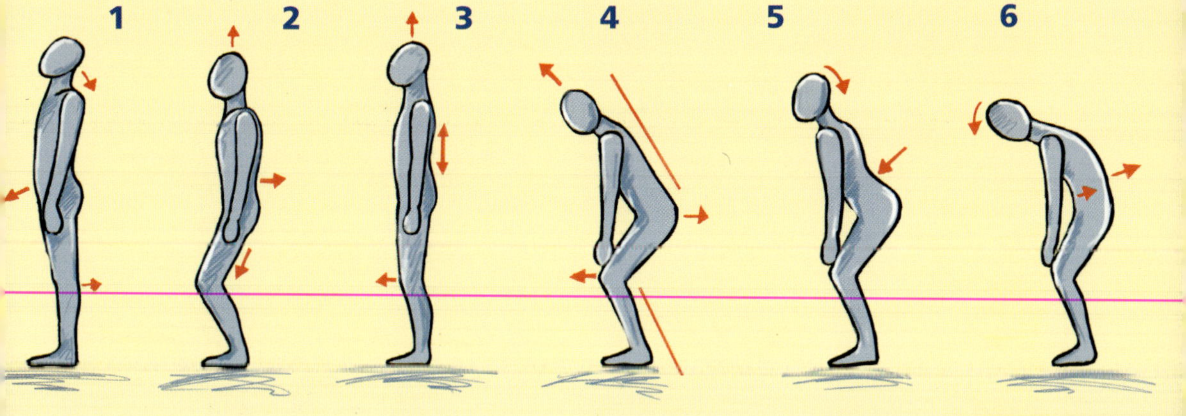

Gesäßknochen spüren

Fassen wir kurz zusammen: Funktionell gute Haltung impliziert immer eine gute Beweglichkeit an den wichtigen Schaltstellen. Sie ist nie statisch und erlaubt schnelle Anpassung an veränderte Anforderungen, die sich beim Reiter durch Gangarten- und Tempowechsel ergeben. Ein statisches »Festhalten«, egal welcher Muskulatur – ein Anklemmen mit den Adduktoren, ein Feststellen des Ellbogengelenks – bedingt eine Behinderung der Beweglichkeit und muss vermieden werden. »Gute Haltung und gute Bewegung arbeiten mit minimaler Wechselspannung«.

Im Bereich der Wirbelsäule und des Beckens ist eine statische Spannung für den Reiter besonders fatal. Ein dauerndes Zuviel an Spannung im Bauchmuskelbereich bedingt ein dauerndes Zuwenig im Rückenmuskelbereich und umgekehrt. Richtig ist dagegen eine leicht wechselnde Spannung der Gegenspieler Bauch- und Rückenmuskeln. Wenn der eine stärker gespannt (verkürzt) wird, wird der andere mehr gedehnt – das ganze im Rhythmus der Bewegung, die der Pferderücken vorgibt.

Bei der Wirbelsäulenbewegung gibt es zwischen den beiden Amplituden stärkeres S und gerade Stellung eine weitgehend entspannte Normalstellung (die jedoch nur sehr kurz andauert). In dem Moment, in dem die Wirbelsäule diese Normalstellung erreicht, ist der Oberkörper des Reiters »losgelassen«. In diesem Moment spürt der Reiter seine Gesäßknochen besonders deutlich.

Locker und aufrecht bleiben – und »weder Gesäßknochen noch Kopf verlieren«.

Nacken und Kinn sind vorgeschoben – dadurch kippt die Reiterin schon das Becken.

Haltung und Bewegung

Gute Haltung und gute Bewegung arbeiten mit minimaler Wechselspannung.

Spannung und Entspannung

Loslassen und Entspannen sind wichtiger als Annehmen und Anspannen.

Die Gesäßknochen spüren lernen

Grundvoraussetzungen für ein Reiten im Gleichgewicht und für gezielte Gewichtshilfen sind:

1. Das Erspüren der Gesäßknochen bei jeder Bewegung und

2. ein gutes Gefühl für die Veränderung der Belastung auf den Gesäßknochen.

Über die Konzentration auf die Belastung der Gesäßknochen kann der Reiter sehr schnell merken, ob er irgendwo im Körper zu viel und dauerhafte Spannung aufgebaut hat.

»Verliert« der Reiter nämlich beide Gesäßknochen (spürt es sie nicht mehr), so bedeutet das fast immer eine falsche Muskelanspannung im Körper, oft vorwiegend im Bereich der Gesäß- und Oberschenkelmuskeln.

Verliert er nur einen Gesäßknochen, so sitzt er extrem schief. Er knickt in der Hüfte ein, schaut rechts oder links herunter, drückt eine Schulter herunter oder zieht ein Knie hoch.

So mancher Reiter versucht das mit einer seitlichen Verkrümmung seiner Wirbelsäule, mit alten Verletzungen oder sonstigen körpereigenen Schief- und Steifheiten zu erklären. Im Prinzip ist jedoch jeder Mensch (und jedes Pferd) irgendwo schief. Steifheiten sind durch Gymnastik zu bessern. Eine knochenbedingte Schiefe ist durch gezieltes Training zwar nicht immer zu beheben; sie ist allerdings durch eine bewusste ungleichmäßige Arbeit der Muskulatur ausgleichbar. Durch die Konzentration auf eine gleichmäßige Druckbelastung auf den Gesäßknochen wird die Muskulatur einseitige Ausgleichspannungen vornehmen. Es kann dann bei einer verkrümmten Wirbelsäule durchaus sein, dass z.B. eine Schulter des Reiters tiefer ist als die andere, die Gesäßknochen aber gleichmäßig belastet sind.

Keine Energieverschwendung

Viele Reiter machen sich selbst und ihrem Pferd das Leben unnötig schwer, weil sie nicht mal eine Runde so losgelassen sitzen können, dass sie beide Gesäßknochen deutlich spüren. Sie wollen dauernd einwirken, das Pferd kontrollieren. Sie haben so viel Angst vor Kontrollverlust, dass sie nicht einfach einmal passiv und locker schwingend sitzen können. Sie verschwenden Energie, die sie für eine Veränderung des Status quo – für eine Lektion – brauchen könnten, schon vorher. Und haben dann für eine kurzfristig notwendige Verstärkung einer Hilfe manchmal nicht mehr genug Energie übrig.

Zum Beispiel eine Parade zum Halten aus dem Trab:

Wer sein Becken vor einer Parade nicht loslässt, sondern schon vorher im Trab die ganze Zeit mit »angezogenem Kreuz« (nahe der geraden Stellung) reitet, hat für das nötige blockierende Kippen des Beckens keinen Spielraum mehr. Er hat die Rückenbewegung des Pferdes schon vorher leicht blockiert, ist praktisch mit »angezogener Handbremse« geritten. Nun kann er die Kippbewegung zwar noch leicht verstärken, aber eine wirklich deutliche Hilfe ist nicht mehr möglich – das Pferd quittiert es mit einer zähen Reaktion auf die Parade.

2.2.2 Becken und Beine – Unterkörper

Beckenstellung – Hüfte – Anspannung im Oberschenkel – Kniedruck – Lage des Unterschenkels (Schenkeldruck), Spannung in der Wade – Stellung des Fußgelenks – Druck des Ballens im Steigbügel

In Funktionskreis 1 wurde dargestellt, wie die Beckenstellung und die Spannung in der Muskulatur sich auf die Haltung, die Aufrichtung im Oberkörper, auswirken – und umgekehrt, die Aufrichtung auf die Beckenstellung.

In Funktionskreis 2 soll der Unterkörper des Reiters bis zum Becken betrachtet werden. Hier liegt ein immenses »Verspannungspotenzial«, was sich wiederum auf die Beweglichkeit von Becken und Wirbelsäule auswirkt (und damit auf Kreis 1).

Die Oberschenkelmuskulatur verdient dabei die größte Aufmerksamkeit. Durch Anspannen der Adduktoren (Klemmer) an den Innenseiten der Oberschenkel klemmt der Reiter sein Knie an den Sattel (Kniedruck). An dieser Klemm-Bewegung sind jedoch auch die Gesäßmuskeln beteiligt. Das Anklemmen des Knies darf immer nur kurzfristig geschehen, weil sich der Reiter bei längerem Anspannen dieser Muskeln aus dem tiefen Sitz heraushebelt. »Er verliert seine Gesäßknochen«.

Innen- und Außenrotation aus dem Hüftgelenk

Durch eine Drehung der Oberschenkel aus dem Hüftgelenk nach innen kommt das Knie flach an den Sattel und die Sitzbeinhöcker weiter auseinander (breitere Sitzbasis). Sie können das im

Knie und Fußgelenk federn nach unten, der Oberkörper ist aufgerichtet und »wächst« nach oben.

Stehen nachvollziehen. Stellen Sie sich breitbeinig mit lockeren Knien hin. Fußspitzen nach vorn und auf gleicher Höhe. Tasten Sie dann nach Ihren Sitzknochen, die in dieser Haltung allerdings etwas schwer zu finden sind, weil die Gesäßmuskeln darüber liegen.

Innenrotation – Streckmuster

Drehen Sie dann im Stand Ihre beiden Fußspitzen (gleichzeitig) nach innen (Innenrotation aus dem Hüftgelenk). Spüren Sie, wie die Sitzknochen sich auseinander bewegen und der Gesäßmuskel sich entspannt?

Die Innenrotation des Beins aus der Hüfte schafft dem Menschen auf dem Pferderücken eine breitere Sitzbasis, einen »tieferen« Sitz, bringt das Knie »flach« an den Sattel und dreht die Fußspitzen parallel zum Pferdekörper. Der Gesäßmuskel ist entspannt, deswegen kann der Reiter

Locker sitzen und das Bein entspannen, wenn keine Veränderung des Status quo gewünscht wird – auch in den Seitengängen. Das Bein ist aus der Hüfte nach innen gedreht, das Fußgelenk locker.

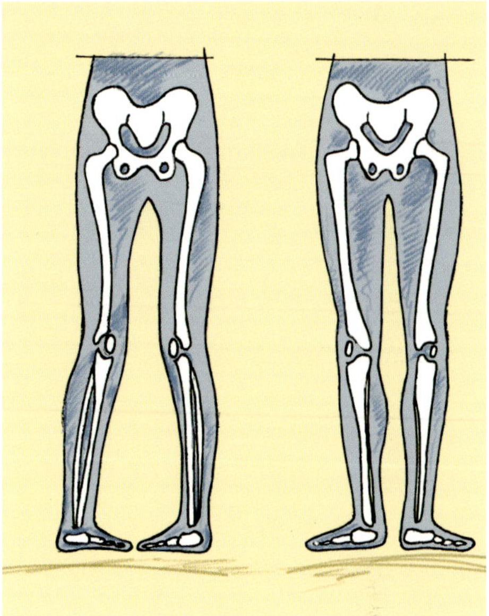

links: Die richtige Innenrotation aus dem Hüftgelenk. rechts: Die falsche Außenrotation, die zu verkleinerter Sitzbasis und offenen Knien führt.

seine Gesäßknochen (und deren wechselnde Belastung) auf dem Sattel überhaupt spüren (siehe Funktionskreis 1).

Ohne, dass der Reiter an etwas anderes denken muss, als an die Rotation aus dem Hüftgelenk nach innen, »ordnen« sich alle Muskeln des Beines aus der Hüfte zweckmäßig für eine funktionelle Lage am Pferdekörper. Durch diese Innenrotation werden nämlich ganze »Muskelketten« aktiviert, die miteinander in Verbindung stehen und deren aufeinander abgestimmte Spannung die gesamte Beinbewegung samt der Spannung im Gesäßmuskel steuert. Die Muskelketten für die Innenrotation strecken das Bein in seiner Gesamtheit (Streckmuster, langes Bein), ohne dabei das Becken nach vorn in den Spaltsitz zu kippen. Dieses Streckmuster ist für eine funktionell richtige Lage des Reiterbeines am Pferdekörper zuständig.

Außenrotation – Beugemuster

Drehen Sie dann beide Fußspitzen nach außen. Sie werden fühlen, wie die Sitzbeinhöcker (Sitzknochen) im Gesäßmuskel fast verschwinden und sich zudem enger zusammen bewegen (Außenrotation aus dem Hüftgelenk). Damit wird die Sitzbasis enger und instabiler. Die Verkettung von Muskeln, die bei der Außenrotation in Gang gesetzt wird, ist die für den Reitersitz unerwünschte: Das Bein wird nach außen verdreht, die Knie kommen weg vom Sattel (offene Knie), die Fußspitzen werden nach außen gedreht.

Der Reiter, der mit nach außen gedrehten Beinen sitzt, hat keinerlei Stabilität im Sitz, weil auch der große Gesäßmuskel samt den hinteren Oberschenkelmuskeln (die Beuger fürs Knie) angespannt ist; die Sitzbeinhöcker »verschwinden« fast im Muskel und können nur schwer überhaupt erfühlt werden. Der Reiter sitzt insta-

Auch im Schulterherein braucht man keine Spannung im Bein – solange keine Korrekturen nötig sind, werden die Seitengänge weitgehend über den Sitz und den äußeren »Kontrollzügel« gesteuert.

bil auf einem »Muskelberg«, den der angespannte Gesäßmuskel bildet. Er sitzt »über dem Pferd« und nicht »tief im Pferd«.

Das Knie kann nicht kurzfristig einen stabilisierenden Druck ausüben (Kniedruck), weil es keinen Kontakt zum Sattel hat und weil es durch die Beuger im Oberschenkel stärker abgewinkelt wird. Die Absätze werden »im gleichen Arbeitsgang« mit hochgezogen.

Das ganze Bein unterliegt einem Beugemuster und wird mehr oder weniger verkürzt. Das führt zum unerwünschten Klammern mit hochgezogenem Knie oder dem Anklemmen der Unterschenkel mit nach außen verdrehtem Fußgelenk. Beiden ist eine verstärkte Tendenz zum Stuhlsitz oder auch zum krummen Sitz zuzuordnen, bei dem der Beckenkamm dauerhaft nach hinten gekippt und/oder der Bauch eingezogen wird (siehe Funktionskreis 1). Ein ähnliches Beugemuster, welches sich im Oberkörper des Reiters verstärkt äußert, ist beim Funktionskreis der Angst (siehe dort) zu erkennen.

Eine richtige Innenrotation des Beines aus der Hüfte ist Hauptbestandteil des Funktionskreises 2. Reiter mit Schwierigkeiten in diesem Bereich müssen versuchen, ihre Beweglichkeit im Hüftgelenk zu verbessern.

Es gibt jedoch noch drei weitere Knackpunkte im Beinbereich, die zu äußerst unerwünschten Nebenwirkungen für den gesamten Sitz führen können:

Der verstärkte Druck des Fußballens im Bügel (Bügeldruck),

ein zu lang anhaltender Kniedruck und

alle Schenkelhilfen, die nicht rechtzeitig zurückgenommen werden (klemmender Dauerdruck statt Druckverstärkung durch Intervalltechnik).

Bügeldruck

Der Bügel ist dazu da, am Fußballen eine Art Gegenlager zu bilden, welches es dem Fußgelenk erleichtert, zu federn. Er dient in der normalen dressurmäßigen Arbeit nicht dazu, sich darin abzustützen. Im Leichttraben kommt zwar etwas mehr Gewicht auf den Fußballen als beim Aussitzen, jedoch darf der Bügel keinesfalls als Trittleiter benutzt werden.

Durch zu starken Bügeldruck hebelt sich der Reiter aus dem tiefen Sitz heraus, seine Sitzbasis wird instabil. Er steht wackelig im Bügel.

Nimmt er die Beine nach vorn und gibt dann zu

Der Bügeldruck bei geradem (gestrecktem) Bein gibt zwar verstärkte Stabilität, hebelt jedoch die Reiterin nach hinten aus dem tiefen Sitz heraus.

Sitzen ohne zu viel Druck im Bügel; das gewährleistet, dass der Reiter seine Gesäßknochen nicht »verliert«.

viel Druck in den Bügel, so drückt er sich damit gegen den Hinterzwiesel bzw. das Cantle, kommt stuhlsitzartig hinter die Bewegung des Pferdes und »verliert« auf diese Weise seine Gesäßknochen samt Einwirkungsmöglichkeiten über gezielte Gewichtsverlagerung.

In den Arbeitsreitweisen sieht die Sache allerdings etwas anders aus. Dort sind die Bügel tatsächlich zum (meist kurzfristigen) Abstützen gedacht: bei Stopps, schnellen, abrupten Wendungen und wenn mal ein Rind »am Sattelhorn hängt«. Die schnellen Manöver eines oft weitgehend selbstständig arbeitenden Ranchpferdes würden den Reiter ohne den stützenden schweren, großen Bügel manchmal schnell aus dem Sattel befördern, zumal Reiter, die mit den Pferden wirklich arbeiten, oft viel »loser« im Sattel sitzen als Sportreiter. Einen »konzentrier-

Bei rasanten Manövern, wie in den schnellen Galoppzirkeln einer Reining, ist der stärker ausgetretene (hier innere) Bügel manchmal notwendig.

Kniedruck

Bewusst Spannung aus den Beinen herausnehmen durch lockeres Hängenlassen.

ten« Sitz würden sie nicht über lange Strecken und viele Stunden durchhalten. Die Konzentration auf die Bewegungen des Pferdes, vor allem in der Dressur bei Pferden mit viel Schwung, erfordert viel zu viel Energie als dass sie für die Gebrauchsreiterei angemessen wäre. Das Gleiche gilt für Distanzreiter. Deswegen sollen Western- und Distanzpferde ja flache Gänge mit wenig Rückenbewegung haben, die dem Reiter lange Stunden im Sattel so bequem und Kraft sparend wie möglich machen.

Die moderne Gebrauchsreiterei als Sport in den verschiedenen Westerndisziplinen ist von dieser ursprünglichen Arbeitsreitweise schon wieder ein Stück weit entfernt – doch das ist ein anderes Thema. In diesem Abschnitt soll es nur um den Druck im Bügel für den »normalen« Freizeit- und Sportreiter gehen, der sein Pferd ausbilden und gymnastizieren muss.

Und für den »Hausgebrauch« gilt: **je mehr dauerhafter Druck in den Bügeln, desto unausbalancierter der Sitz und desto ineffektiver die Hilfengebung**.

Eine kurzfristige Druckverstärkung in einem oder beiden Bügeln ist manchmal für die eine oder andere Lektion durchaus angemessen und richtig. Ein kurzes »Austreten« eines Bügels reicht einem sensibilisierten Pferd z.B. bisweilen schon als Schenkelhilfe (Bügeltritt). Oder es kann eine Gewichtshilfe deutlicher machen.

Ein dauerhafter Druck, oft in Verbindung mit verstärktem Kniedruck, bringt jedoch den Reiter in Gefahr, seine Gesäßknochen »zu verlieren«. Er sitzt nicht mehr, sondern steht im Bügel, stützt sich häufig verstärkt über den Oberschenkel ab (siehe auch Kniedruck), spürt seine Sitzknochen nicht mehr und kann so auch nicht differenziert einwirken. Die Schaltstelle Becken-Pferderücken ist gestört – und damit eine wesentliche Möglichkeit der Einwirkung über Gewichtshilfen.

Kniedruck

Werden die Knie zu lange und zu fest an den Sattel gepresst oder hochgezogen, so passiert etwas Ähnliches mit den Sitzknochen wie beim zu starken Druck im Bügel. Sie verschwinden nämlich – der Reiter spürt sie nicht mehr. Er verliert sie zwar auf andere Weise als beim zu starken Bügeldruck, trotzdem sind sie weg.

Die Muskeln an der Innenseite der Oberschenkel, die Adduktoren oder Klemmer, sind für das Zumachen der Knie, den Kniedruck zuständig. Der kurzfristige Kniedruck ist eine notwendige Sache. Das »zugemachte Knie« dient als Gegenlager für ein hemmendes, blockierendes Kippen des Beckens bei Paraden (Beckenkamm nach hinten, Bauchmuskeln anspannen). Würde der Reiter

Das Gespür für die Belastung auf den Gesäßknochen ist wichtig, weil nur der Reiter entspannt sitzt, der seine Gesäßknochen nicht »verliert«.

Dann funktioniert die Verkettung der folgenden Parameter:
Gesäßknochen spüren – entspannter Sitz – losgelassenes Pferd – leichte Einwirkung – minimale Hilfen – erfolgreiche Arbeit.

das Knie locker lassen, so würden seine Beine nach vorne rutschen und der beabsichtigte hemmende Druck der Gesäßknochen auf den Rücken des Pferdes würde nach vorne, in Richtung Widerrist des Pferdes, verpuffen. Gleichzeitig mit den nach vorne rutschenden Beinen fällt dann meist der Oberkörper des Reiters nach hinten und kommt in den Stuhlsitz – mit allen schon beschriebenen unerwünschten »Nebenwirkungen« für die Wirbelsäulenbeweglichkeit und Einwirkung.

Also: Knie kurzfristig zumachen ist ok. Was aber passiert, wenn die Knie lang an den Sattel gepresst werden?
Die Spannung in den Adduktoren aktiviert gleichzeitig die Gesäßmuskeln und die Bauchmuskeln. Der Kniedruck bedingt also praktisch durch eine automatische Verkettung von Muskelgruppen die blockierende Gewichtshilfe mit dem durch diese Muskeln nach hinten gekippten Beckenkamm (siehe Funktionskreis 1). Wird jetzt der Kniedruck nicht zurückgenommen, so bleibt der Reiter in diesem die Bewegung des Pferderückens hemmenden Sitzschema. Im »besten Fall« hemmt er damit nur die Bewegung des Pferdes – es wird auch in der Vorwärtsbewegung »klemmen«. Im schlechteren Fall blockiert er damit auch seine eigene Wirbelsäulenbeweglichkeit nachhaltig, kommt dadurch aus der Balance, zieht womöglich die Knie noch hoch, um sich zu stabilisieren und hebelt sich so »mit System« aus dem Gleichgewichtssitz heraus. Das Beugemuster (siehe auch Angst) wird erzeugt. So kommt er entweder hinter die Bewegung des Pferdes oder, bei einem verstärkten Angstreflex, auch vor die Bewegung in eine nach vorn zusammengekauerte Haltung. Und alles nur, weil eine Muskelspannung nicht zurückgenommen wurde.

Zu lang andauernde Schenkelhilfe

Der festklemmende Unterschenkel bei einer nicht zurückgenommenen Schenkelhilfe hat die gleichen Auswirkungen wie der lange anhaltende Kniedruck – denn auch die Schenkelhilfe mit der flach anliegenden Wade wird von den Adduktoren mit gesteuert (in Verbindung mit den äußeren Oberschenkelmuskeln).
Schenkeldruck ohne gleichzeitigen Kniedruck ist kaum möglich, wohingegen Kniedruck in seiner Form als Gegenlager (oder auch Drehpunkt beim leichten Sitz) ohne einen Schenkeldruck durchaus möglich ist.
Ein klemmender Unterschenkel führt fast immer auch zu einem Hochziehen der Absätze – der Reiter versucht, die Ferse ans Pferd zu bekommen, weil er denkt, mit der Ferse stärkeren Druck ausüben zu können als mit der »flachen Wade«.

Mit dem Absatz »bohren«?

Dieses »Bohren« mit dem Absatz beruht auf zwei Trugschlüssen:
Trugschluss 1: »Viel Druck nützt viel« – eine Verstärkung der treibenden Schenkelhilfe

falsch: Das Hochziehen des Absatzes führt zum Hochziehen der Knie und zum blockierenden Kippen des Beckenkammes nach hinten. Die treibend gedachte Hilfe verkehrt sich dadurch in ihr Gegenteil.

wird durch immer stärkeren und länger andauernden Druck mit dem Schenkel erreicht.
Die Annahme ist aus folgenden Gründen falsch: Zum Ersten wird ein Reiz immer am besten über eine Wiederholung verstärkt. An einen dauernden Reiz, der nur immer stärker wird, gewöhnt man sich schnell und stemmt sich notfalls dagegen. Es gilt in diesem Fall der Satz »Druck erzeugt Gegendruck« – das Pferd drückt gegen die Schenkelhilfe. (Die alten Chinesen wussten um die Reizverstärkung durch Wiederholung und folterten ihre Gefangenen mit einem einfachen Wassertropfen, der ihnen in regelmäßigen Abständen auf die Stirn fiel; nach einiger Zeit empfand der Delinquent diesen leichten Wassertropfen wie einen Hammerschlag.)
Zum Zweiten hebelt das »Anklemmen« des Schenkels, wie schon erwähnt, den Reiter aus dem tiefen Sitz heraus.

Trugschluss 2: »Der ganze Unterschenkel samt der Ferse muss zum Treiben ans Pferd.«
Auch falsch, denn das geht bei vielen schmalen oder kleinen Pferden überhaupt nicht, ohne dass das Bein des Reiters völlig »verbogen« wird (und dadurch viel zu hohe Grundspannung bekommt). Die Ferse darf überhaupt nie ans Pferd, sondern immer nur die Innenseite des Fußknöchels, mit einem fast parallel zum Pferdebauch gehaltenen Fuß. Kommt die Ferse ans Pferd, so kommt das ganze Bein in die Außenrotation (siehe dort) und die Sitzbasis verkleinert sich (instabiler Sitz).

Wirksamer Schenkeldruck erfordert allerdings ein leichtes Anheben der Fußspitze, um etwas Spannung in die Wade zu bekommen, d.h. etwas mehr Kraft in den Unterschenkel. Das Anheben der Fußspitze muss jedoch in einer Form geschehen, die das Fußgelenk nicht feststellt (dazu mehr im nächsten Abschnitt, federnde Gelenke).

Fazit:
Wie dem auch sei, die Art und Weise des Schenkeldrucks setzt sich in ihrer Auswirkung bis ins Becken des Reiters fort und blockiert bei zu langer Dauer die Wirbelsäulenbeweglichkeit des Reiters. Das ist der eine Grund für die Prämisse: Schenkeldruck (wie alle anderen Hilfen auch) immer nur in der Intervalltechnik geben: Druck – Druck wegnehmen – erneuter Druck – Druck

Die Auswirkungen eines Schenkeldruckes setzen sich bis ins Becken des Reiters fort und führen bei zu langer Dauer zu einer Blockade in dessen Wirbelsäule.

Eine Winkelung des Knies etwa in der Mittelstellung mit ausreichend Bewegungsfreiheit.

Austreten des Bügels nach vorne gekoppelt mit einem Verdrehen des Oberkörpers. Das führt dazu, dass die Reiterin vom inneren Gesäßknochen »herunterrutscht« und die Schwerpunkte von Reiterin und Pferd nicht mehr übereinander liegen.

wegnehmen. Der zweite Grund liegt in der Reizempfänglichkeit des Pferdes (siehe oben und Funktionskreise Reiter+Pferd), welches auf einen leichten wiederkehrenden Reiz besser reagiert als auf einen länger andauernden, durch vermehrten Druck verstärkten.

Federnde Gelenke – langes Reiterbein

Durch ein Federn im Fußgelenk sollen die Bewegungen des Reiterbeckens, die wiederum die des Pferderückens aufnehmen, nach unten abgefangen werden. Doch nicht nur das Fußgelenk des Reiters ist an diesem Abfedern beteiligt, sondern auch Knie- und Hüftgelenke. Es ist sogar zwingend notwendig, dass alle Gelenke an der federnden Bewegung teilnehmen. Wird ein Gelenk festgestellt (z.B. das Knie gerade durchgedrückt), so kommt die Bewegung in doppelter Stärke in einem anderen Gelenk an.

Damit alle Gelenke überhaupt federn können, müssen sie im Normalfall eine »Mittelstellung« einnehmen, so dass nach beiden Seiten noch eine Bewegungsmöglichkeit besteht. Genauso, wie ein ungehindertes Hin-und-her-Schwingen der Wirbelsäule des Reiters nur aus der Mittelstellung des Beckens heraus möglich ist (siehe Funktionskreis 1).

Die Gelenkmittelstellung ist diejenige, bei der das Gelenk am entspanntesten ist. Und in der es am besten durchblutet ist.

Kniegelenk

Das Knie hat etwa einen Aktionsradius von 160°. Das gestreckte Knie ist die eine Endstellung (0°), das extrem gewinkelte Knie, wenn der Mensch auf den Fersen sitzt, die andere (160°). 80° wäre die Mitte.

Ein Federn im Knie kann am leichtesten zwischen etwa 60° und 100° erfolgen, weil dort die Bewegung am wenigsten Energie erfordert.

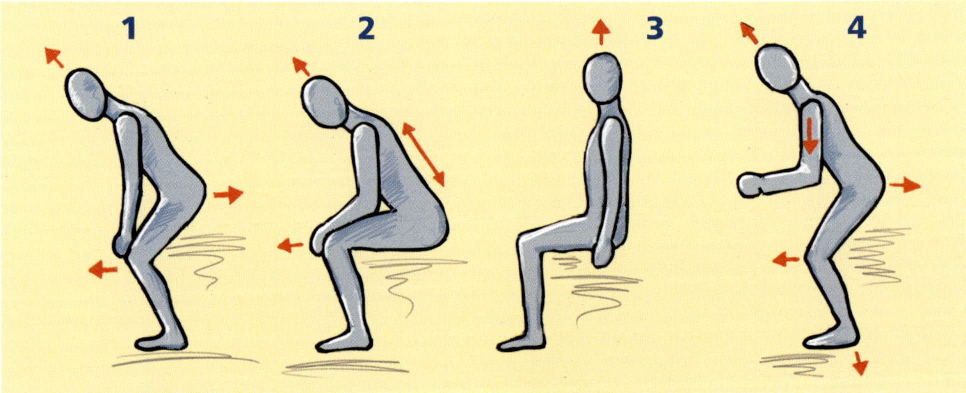

Auch das Knie muss beweglich auf die Impulse des Pferderückens und damit auf die Beckenbewegung des Reiters reagieren. Zeichnungen 1–3: Phasen des Hinsetzens: Der Rücken bleibt in sich gerade, die Gelenkwinkelung von Hüfte, Knie und Fußgelenk verändert sich. Zeichnung 4 zeigt die Ausrichtung der Bewegung in der Phase des »Hinsetzens« (besser Sinkenlassens) beim Leichttraben.

Das gestreckte Knie (0°) kommt oft in Verbindung mit viel Bügeldruck vor.

Der Reiter drückt sich an den hinteren Sattelrand, wenn er die Beine mit gestrecktem Knie nach vorn nimmt. Das ist eine recht stabile Stellung, wie sie in manchen Bewegungsphasen von den Gebrauchsreitern eingenommen wird, z.B. bei einem abrupten Stopp des Pferdes.

Er hebt sich nach oben aus dem Sattel, wenn er mit gestrecktem Knie im senkrecht hängenden Bügel »steht«. Diese Stellung ist extrem instabil. Das stark gewinkelte Knie kommt bei den Rennreitern vor, die im Galopp mehr oder weniger über dem Pferd schweben. Für das Reiten im Schritt und Trab ist diese Knie- und Beinhaltung völlig ungeeignet, weil keinerlei Schenkeldruck möglich ist und die Beckenbeweglichkeit des Reiters extrem eingeschränkt ist. Im Galopp balanciert sich der Reiter über Hüft- und Kniegelenk aus, wobei das Knie sich jedoch wieder der Mittelstellung annähert, weil der Reiter tatsächlich im Bügel steht. Das stark gewinkelte Knie lässt überhaupt keinen Sitz zu, sondern nur ein Stehen im Bügel. Es entlastet zwar den Pferderücken, gibt aber dem Reiter überhaupt keine Stabilität. Deswegen ist es außerhalb des Rennsports völlig fehl am Platz.

Neben dem eindimensionalen Abwinkeln des Knies lässt das Kniegelenk noch eine leichte Drehbewegung nach innen oder außen zu, die die Rotation aus der Hüfte unterstützen kann. Diese ist nur in der weitgehend entspannten Stellung möglich. Die extremen Endstellungen lassen keine Rotation zu.

Fußgelenk

Der Aktionsradius des Fußgelenks ist sehr viel kleiner als der des Kniegelenks. Es hat etwa 45° zur Verfügung. In der Mittelstellung beträgt der Winkel zwischen Unterschenkel und Fußsohle etwa 90°. Zudem ist auch wieder eine kleine Rotation möglich, die wie beim Knie die Rotation aus der Hüfte unterstützen kann. Auch diese Rotation, das Eindrehen der Fußspitzen, ist in der Mittelstellung am besten möglich.

Das Anheben der Fußspitze dehnt den Wadenmuskel und verkürzt (spannt) den Schienbein-

muskel. In Verbindung mit der Innenrotation aus der Hüfte wird dadurch gleichzeitig das gesamte Reiterbein gestreckt (erwünschtes Streckmuster). Es bringt zudem etwas mehr Grundspannung in den Unterschenkel, was für eine treibende Schenkelhilfe wünschenswert ist.
Die Fußspitze kann aus dieser Stellung potenziell um etwa 20–30° angehoben werden.
Nehmen wir an, die Endstellung bei der Anhebung wären 30°. In dieser Stellung wird das Gelenk unbeweglich, weil kein weiteres Durchfedern der Ferse, des Absatzes nach unten möglich ist. Um die nötige Grundspannung in den Unterschenkel zu bekommen, reicht ein Anheben der Fußspitze um etwa 5–10° aus der Mittelstellung heraus. Dann sind noch 20° für ein kurzfristiges Durchfedern nach unten übrig.

Das Anheben der Ferse verkürzt den Wadenmuskel und dehnt den Schienbeinmuskel. Damit wird das nicht erwünschte Beugemuster im gesamten Bein begünstigt (meist mit Hochziehen des Knies). Die Fußspitze könnte dabei auch um etwa 20–30° aus der Mittelstellung nach unten bewegt werden. (In der 30°-Stellung steht wiederum das Gelenk in der Endstellung fest.)
»Ferse anheben« sollte jedoch weitgehend aus dem Repertoire der Signale gestrichen werden, weil es nichts Gutes bewirkt. Allenfalls ein kurzer Sporenstich bei einem kleinen Pferd und/oder einem Reiter mit langen Beinen kann mit einem Anheben der Ferse bewerkstelligt werden. Im Normalfall sollte jedoch auch in dieser Konstellation ein Treiben mit der Wade ausreichen.

Der unruhige Unterschenkel

Der unruhige Unterschenkel hat seine Ursache in verschiedenen Gelenk-Blockaden innerhalb des

Im Fußgelenk nach unten durchfedern – hier in der weitest möglichen Ausprägung; tiefer geht's nicht mehr.

Reiterkörpers. Meist liegt der Fehler tatsächlich ziemlich weit oben, nämlich im festgehaltenen Becken oder sogar in festgehaltenen Schultern. Manchmal allerdings auch in einem festgehaltenen Fußgelenk. In diesem Fall neigt der Reiter auch zum Verlieren der Steigbügel.
Pferde, die dauernd mit klopfendem Unterschenkel geritten werden, schotten sich gegen diese Belästigung ab, legen sich praktisch ein »dickes Fell« zu und reagieren schließlich nicht mehr auf eine feine Schenkelhilfe.
Für einen ruhigen Unterschenkel – ein ruhiges, kontrolliertes Bein des Reiters ohne fehlerhaftes Anklemmen – ist das Durchfedern aller Gelenke nach unten unbedingt erforderlich.
Das Bein muss dazu frei aus dem Hüftgelenk hängen und aus dem Hüftgelenk nach innen gedreht sein (Innenrotation). Mit dem leichten Anheben der Fußspitze wird das durch die Innenrotation in Gang gesetzte Streckmuster (langes Bein) verstärkt.

Im Trab können Sie gut überprüfen, ob Ihr Bein wirklich hängt und die Bewegung nach unten abfedert. Jedes mal, wenn ein Beinpaar des Pferdes auffußt, sollten Sie spüren, wie dieses Auffußen, die Landung der Pferdebeine auf dem Boden, Ihre eigenen Beine nach unten zieht. Kniegelenk und Fußgelenk bewegen sich dabei tatsächlich leicht nach unten.

Auch hier gilt wieder, wie bei der Beckenbewegung, **dass Sie diese Bewegung zulassen müssen und nicht (durch Festklemmen) unterdrücken dürfen**.

2.2.3 Freiheit für die Hände

Schulter – Ellbogen – Handgelenk – unabhängige (= weiche) Handeinwirkung über den Zügel

Die weiche Hand beginnt in der Schulter des Reiters

Und die Schulter wiederum ist an die Beckenbewegung (Funktionskreis 1) gekoppelt. Im weitesten Sinne ist also die Hand nur dann unabhängig (= weich), wenn das Becken frei schwingen kann, der Sitz also »losgelassen und unabhängig« ist.

Der Begriff »weiche Hand« impliziert viele Bedeutungen:

■ 1 Die Hand ist unabhängig von allen anderen Bewegungen im Reiterkörper und unabhängig von den Bewegungen des Pferdes. Das heißt, die Ausgleichsbewegungen, die das Becken des Reiters vornimmt, um die Gesäßknochen am Sattel zu halten, dürfen nicht in andere Teile des Reiter-Körpers »ausstrahlen«.

Den Ellbogen hängen lassen, die Hand vor sich her tragen …

■ 2 Beide Reiterhände können unabhängig voneinander bewegt werden. Die äußere Hand des Reiters und damit der äußere Zügel haben nämlich oft andere Aufgaben zu erfüllen, als innere Hand und innerer Zügel.

■ 3 Der Reiter ist in der Lage, je nach Bedarf, eine »gummibandartige Verbindung« mit dem Pferdemaul herzustellen und sie auch wieder bewusst aufzugeben.

■ 4 Der Reiter reagiert schnell genug mit veränderter Zügelspannung auf Signale des Pferdes an der Schaltstelle Maul/Zügel, die ihm verraten, was das Pferd zu tun beabsichtigt. Schnelle Reaktionen der Hand bedürfen hoher Sensibilität; diese wiederum ist nur möglich, wenn die Grundspannung im gesamten Arm im Normalfall möglichst niedrig ist.

Innere und äußere Hand haben unterschiedliche Aufgaben und müssen unabhängig voneinander bewegt werden können – hier eine weit seitwärts geführte äußere Hand und eine hohe innere Hand bei einer Übung auf dem Zirkel in Außenstellung.

Die starre Hand ist zu langsam und hart

Die meisten Reiter sind »zu langsam mit der Hand«. Zu langsam deswegen, weil eine erhöhte Spannung im Arm und im Handgelenk eine gewisse »Starre« der Hand mit sich bringt. Eine losgelassene/lockere Hand kann immer viel schneller reagieren als eine starre Hand.

Das Pferd hat seine (unerwünschte) Absicht schon in die Tat umgesetzt, bevor eine Reaktion von einem Reiter mit starrer Hand kommt. Deswegen wird oft eine umfangreichere Korrektur notwendig, die zu vermeiden wäre, wenn der Reiter eine Absicht des Pferdes im Ansatz unterbunden hätte (siehe Funktionskreise Reiter-Pferd).

Die innere Hand anheben und zur Seite führen: Damit veranlasst man das Pferd, im Genick nachzugeben, sich zu stellen und den Unterkiefer zu entspannen. Oben: Einleitung einer Traversale. Unten: einfache Stellungsübung im Leichttraben.

Schnelligkeit und Sensibilität in der Hand

Um der Hand die bestmögliche Sensibilität und Schnelligkeit zu verschaffen, müssen viele Bedingungen erfüllt sein.

Die »gute« Hand

Die getragene Hand – durch die leicht verdeckte Faust kommt jedoch ein Anflug des unerwünschten Beugemusters in den gesamten Arm.

Die hohe Hand – für eine kurzfristige Korrektur auch ausnahmsweise außen – verhindert, dass das Pferd die Schulter herunterdrückt.

Schultern, Ellbogen und Handgelenk sollten locker und entspannt sein, d.h. sich im Normalzustand annähernd in der Gelenkmittelstellung befinden.

Das bedeutet im Einzelnen:
Die »Schulter hängt nach unten«, wird weder hochgezogen noch heruntergedrückt, fällt nicht nach vorn und wird nicht nach hinten überstreckt. Die Schulter ist ein weitgehend muskulär geführtes Gelenk und hat deswegen großen Bewegungsspielraum. Sie hat jedoch auch entsprechend starke Muskeln, die ein Auskugeln verhindern. Verspannt sich die Schulter, so entsteht durch die starke Muskulatur schnell eine hohe Muskelspannung, die sich bis ins Handgelenk auswirkt. Wenn Sie zum Beispiel frierend die Schultern hochziehen, so sind meist die Hände zur Faust geballt, weil sich die Schulterspannung im ganzen Arm fortsetzt.

Aus dem Schultergelenk sind zudem eine Innen- und eine Außenrotation möglich – stärker noch als aus dem Hüftgelenk. Diese Rotation wirkt sich über verbundene Muskelketten wiederum auf der einen Seite bis in die Hand, auf der anderen Seite (über die Schulter- und Rumpfmuskulatur) bis ins Becken des Reiters aus.

Streng verboten für die Hand:

Am Zügel rückwärts ziehen.

Den Zügel schräg über den Widerrist auf die andere Halsseite ziehen.

Die Hand auf dem Widerrist abstützen.

Die Hand auf dem Oberschenkel aufstützen.

Die Hand mit gestrecktem Ellbogen nach unten drücken.

Kriterien für eine »gute« Hand

Der Ellbogen hängt locker aus der Schulter und befindet sich in der Gelenkmittelstellung.

Das Handgelenk ist locker und gerade (= Mittelstellung).

Der Daumen liegt dachförmig auf der Faust. Die Faust wird nur gerade so viel zugemacht, dass der Zügel nicht durchrutscht.

Die Hand wird getragen und nicht aufgestützt bzw. festgestellt.

Die Einwirkung von innerer und äußerer Hand kann getrennt werden.

Vorgehen mit der Hand aus der Schulter heraus bei bleibender Aufrichtung im Sitz. Das Pferd folgt der vorgehenden Hand willig und streckt sich vorwärts abwärts. Fehlerhaft ist jedoch das Abspreizen der Ellbogen, hier vor allem des äußeren, weil auch dies wieder zu einem beginnenden Beugemuster führt.

Streck- und Beugemuster (Innen- und Außenrotation) aus dem Schultergelenk

Im Gegensatz zum Bein bedingt jedoch im Arm die Innenrotation ein unerwünschtes Beugemuster (die Schulter wird nach vorne »zugemacht«, der Ellbogen wird nach außen abgespreizt, das Handgelenk nach innen und unten verdreht – ich nenne die Haltung gern die »Preisboxer-Haltung«). Die Außenrotation bedingt ein erwünschtes Streckmuster (die Schulter wird »aufgemacht«, der Ellbogen hängt senkrecht, Brustkorb und Halswirbel werden frei). Das Streckmuster durch die Außenrotation aus dem Schultergelenk hat allerdings nichts damit zu tun, den Arm lang auszustrecken (das Ellbogengelenk gerade zu machen), weil dabei wieder zu viel Spannung in den Arm kommt (siehe Abschnitt Aktionsradien). Werden die Hände nun noch weit auseinander getragen, wie bei jungen Pferden üblich, so verstärken sich Außenrotation und Streckung. Auch das weite seitliche Herausführen des inneren (direkten) Zügels bei Problemen mit der Biegung (bei jungen oder steifen Pferden) macht die Schulter des Reiters frei (auf) und nimmt unnötige (falsche) Spannung heraus.

Der hängende Ellbogen

Der Ellbogen hängt im Normalfall aus der Schulter senkrecht nach unten. Nur, wenn er wirklich senkrecht hängt, ist gewährleistet, dass die Schultermuskeln nicht unnötig Arbeit leisten müssen (und falsche, d.h. zu viel Spannung produzieren). Eine Bewegung des Ellbogens aus dem Lot heraus nach vorne oder hinten bzw. zur Seite setzt Muskelarbeit in Brust- oder Trapezmuskel (Schultermuskel) voraus. Vor allem das beliebte Abspreizen oder Anklemmen der Ellbogen von der bzw. an die Hüfte versteift die Schulter und den ganzen Oberarm gleich mit. Abspreizen und Anklemmen der Ellbogen bedingen zudem wieder eine Rotationsbewegung in

oben und rechts: Die frei getragene Zügel-Hand mit dem losen Zügel.

der Schulter (s.o.), die sich nach beiden Seiten – also Richtung Rumpf/Becken und Hand fortsetzt.

Ellbogen und Handgelenk sind weitgehend knöchern geführte Gelenke (vergleichbar mit Knie und Fußgelenk) – die Muskeln, die sie bewegen, müssen deswegen nicht ganz so stark sein, wie die Schultermuskeln. Ihr Aktionsradius ist jedoch auch eingeschränkter. Neben dem Abwinkeln ist jeweils, wie bei Knie und Fußgelenk, eine leichte Rotation möglich, welche die Rotation aus dem Schultergelenk unterstützen kann.

Aktionsradien der Gelenke im Arm

Überstrecken und Abknicken verursachen zu viel falsche Spannung.

Der Aktionsradius des Ellbogens beträgt (wie beim Knie) etwa 160°, wobei die Mittelstellung bei einem Winkel von etwa 80° liegt. Das Gelenk ist also am weitesten entspannt, wenn es fast

Spin: Das Pferd reagiert auf den anliegenden äußeren Zügel und auf die Gewichtsverlagerung der Reiterin; für sichere einhändige Zügelführung auf blanke Kandare ist die Minimierung der Hilfen unbedingte Voraussetzung.

rechtwinklig abgewinkelt ist. Die gestreckte Endstellung 0° und die extreme Winkelung von 160° verursachen erhöhte Spannung im Gelenk selbst, im Ober- und Unterarm, in der Schulter und im Handgelenk – und damit eine Einschränkung der Beweglichkeit in der Hand.

Das Gleiche passiert, wenn das Handgelenk aus der zum Unterarm hin geraden Mittelstellung nach hinten überstreckt oder nach vorn abgeknickt wird. Das Handgelenk ist in seiner Funktion im Funktionskreis 3 mit dem Fußgelenk im Funktionskreis 2 vergleichbar. Es steht an letzter Stelle der »großen« Gelenke und muss notfalls alles ausgleichen/wegfedern, was an Bewegung aus den anderen Gelenken noch ankommt (und zudem die Impulse vom Pferdemaul aufnehmen). Die Finger können dabei nur noch im absoluten »Feinbereich« helfen.

Getragene, aufrechte Hand. Der linke Ellbogen hängt, der rechte ist aus der Schulter leicht nach hinten genommen, was die Spannung im Arm minimal verstärkt.

Die breite Zügelführung bei jungen Pferden.

Das Gefühl in der Reiterhand

Für bestmögliches Gefühl in der Hand darf zu guter Letzt die Faust nur mit so viel Kraft geschlossen werden, wie man unbedingt braucht, um die Zügel sicher zu fixieren. Bei einem Korrektur-Pferd, welches »gelernt hat«, sich auf die Hand zu legen (was es im Verlauf richtiger Korrektur bald lassen sollte), ist natürlich die Spannung in der Faust (und dadurch auch im Arm) größer als bei einem fein am Zügel stehenden Pferd. Je stärker (mit mehr Kraft) die Faust jedoch zusammengeballt wird, umso unbeweglicher wird das Handgelenk und in der Folge der ganze Arm. Und umso langsamer und »eckiger« wird jede Reaktion der Zügel führenden Hand. Egal, in welchem Bereich des Armes eine zu hohe Spannung aufgebaut wird – die Sensibilität und Reaktionsschnelligkeit und damit die »Weichheit« der Hand ist immer betroffen.

Das lässt sich leicht ausprobieren: Ballen Sie die Hand richtig fest zur Faust und versuchen Sie dann, den Unterarm zu entspannen. Oder spannen Sie die Oberarmmuskeln an und versuchen, das Handgelenk zu lockern. Das bekommt man kaum hin – nicht war?

Muskelketten im Arm

Wie im Bein werden auch im Arm bei bestimmten Bewegungen immer ganze Muskelketten aktiviert. Eine Bewegung der Schulter kommt immer auch in der Hand an, eine Bewegung des Handgelenks – teilweise auch der Finger – immer auch in der Schulter.

Das Daumendach

Dem Daumen kommt hinsichtlich seiner Lage bei geschlossener Hand noch eine Sonderstellung zu. Liegt er, wie gefordert, dachförmig oben auf der aufrecht stehenden Hand, so befindet er sich in entspannter Mittelstellung. Liegt er mit durch-

Der fast gerade Arm bringt zu viel Spannung in die Schulter und damit in den Oberkörper. Für ein kurzfristiges Nachgeben des Zügels ist diese Haltung jedoch durchaus erlaubt.

Die getragene, aufrecht stehende Hand mit hängendem Ellbogen und lockerer Schulter. Minimalspannung par excellence.

gestrecktem Gelenk flach bzw. konkav auf, so bringt er eine beträchtliche (unnötige) Spannung in Handgelenk und Unterarm, die sich bis in den Bizeps im Oberarm fortsetzt.

Minimale und maximale Spannung im Arm und ihre Auswirkungen

Zur Verdeutlichung nehmen wir jetzt einmal das »Überstrecken im Arm« in seiner reinsten Form mit Maximalspannung. Diese Form sieht man in der (fehlerhaft) heruntergedrückten Hand mancher Reiter.

Der Arm wird aus der Schulter nach vorn gestreckt. Der Ellbogen ist mehr oder weniger gerade, die Hand wird auf den Widerrist des Pferdes gestützt (oder noch tiefer genommen), evtl. der Handrücken noch nach hinten überstreckt. Machen Sie diese Bewegung spaßeshalber mit beiden Armen während Sie in »Normalstellung« mit lockerer Aufrichtung in der Brustwirbelsäule auf dem Pferd oder auf einer Stuhlkante sitzen. Konzentrieren Sie sich darauf, was in diesem Moment in Ihrer Schulter passiert und weitergehend, was in Ihrem ganzen Rücken bis hin zum Becken passiert. Sie werden sehen, dass diese Streckbewegung zuerst die Schultermuskulatur spannt, dann den Rücken gerade macht (die Bauchmuskeln werden verkürzt, die Rückenmuskeln gedehnt) und so automatisch das Becken in die blockierende Stellung kippt (siehe Funktionskreis 2.2.1).

Und jetzt der losgelassene Arm mit Minimalspannung: Lassen Sie den Ellbogen hängen und winkeln Sie ihn so ab, dass Sie in der Hand einen kleinen gefüllten Wasserbecher oder ein Ei auf einem Löffel balancieren können. Machen Sie die Hand gerade so viel zu, dass Ihnen Becher oder

Innen- und Außenrotation im Arm

■ falsch: Innenrotation im Arm
Die Schulter fällt nach vorn (ist »zu«).
Die Ellbogen sind abgespreizt.
Der Kopf hängt.
Die Hand ist verdeckt.

■ richtig: Außenrotation im Arm
Schulter und Ellbogen hängen locker.
Die Schulter ist »offen«.
Hand steht aufrecht.
Handgelenk ist gerade.
Daumen liegt dachförmig auf der Faust.

■ Verstärkung der Außenrotation:
Aus dem locker hängenden Ellbogen den Unterarm seitwärts nach außen führen.

Die Aufgaben von innerem und äußerem Zügel:

Der innere Zügel dient nur der Stellung des Pferdes. Die innere Hand wirkt nur nach oben oder zur Seite. Der innere Zügel wird nach erfolgter Stellung des Pferdes arbeitslos (nachgeben!).
Der innere Zügel wird nie:

- auf den Oberschenkel gezogen,
- nach unten gedrückt
- auf dem Widerrist aufgestützt,
- über den Widerrist nach außen geführt,
- nach hinten gezogen.

Der äußere Zügel ist der Kontrollzügel. Die äußere Hand hält Verbindung mit dem Pferdemaul und variiert die Festigkeit dieser Verbindung durch »Spielen« mit dem kleinen Finger; sie gibt Paraden (begrenzt die Bewegung des Pferdes nach vorne und verhindert ein Ausfallen über die äußere Schulter in der Biegung). Die äußere Hand darf etwas tiefer stehen als die innere; sie kann im Bedarfsfall auch weit nach außen geführt oder angehoben werden (ähnlich der inneren).

Löffel nicht aus der Hand fallen. Bewegen Sie sich jetzt vorwärts – laufend oder reitend (Sie können die Übung mit und ohne Pferd machen). Die eben beschriebene Armhaltung ist die Haltung, in der Sie am wenigsten Muskelkraft für das Balancieren eines Gegenstandes brauchen und deswegen am sensibelsten und feinsten reagieren können.
Sie würden sicherlich nicht auf die Idee kommen, einen Gegenstand mit durchgedrücktem Ellbogen und starrem Handgelenk balancieren zu wollen. Wenn doch, so machen Sie den Versuch – er erklärt sich selbst.
Stellen Sie sich nun beim Reiten vor, Sie balancieren statt eines Gegenstandes den Zügel vor sich her. Die Haltung ist die Gleiche.

Um die Beweglichkeit in allen Gelenken bei der Zügelhaltung zu fördern, können Sie nun als Übung versuchen, die Zügel unabhängig voneinander zu bewegen. Also z.B. den inneren Zügel mal nach oben, mal zur Seite und mit dem äußeren das Gummiband zum Maul des Pferdes erhalten. Oder am äußeren Zügel eine Parade durch Eindrehen der Hand geben und dabei den inneren Zügel etwas nachgeben. Bewegen Sie auch die Hände immer wieder, wenn es nicht unbedingt nötig ist. Damit haben Sie gleich zwei positive Auswirkungen. Es hält Sie davon ab, sich irgendwo im Armbereich zu versteifen und es hält das Pferd aufmerksam.

Spielen Sie mit dem Maul des Pferdes, bewegen Sie das Gebiss immer ein wenig im Maul, so dass es sich das Pferd nicht »auf der Reiterhand bequem macht« (eine Stütze sucht) – das hält Mensch und Pferd wach und sensibel.

2.2.4 Unterschiedlicher Körperbau und individuelle Probleme

Reiter sind Individuen mit unterschiedlichem Körperbau und unterschiedlichen natürlichen oder angelernten Bewegungsmustern. Dazu kommen noch verschiedene angeborene oder erworbene Fehlstellungen hinzu; im Bereich der Wirbelsäule oder der Hüfte sind diese besonders gravierend mit ihrem Einfluss auf den funktionell richtigen Sitz des Reiters.

Da es den Rahmen des Buches sprengen würde, alle möglichen Problemkreise aufzuzeigen, folgt hier ein kurzer Abriss der wichtigsten Ansatzpunkte für eine Verbesserung von solchen Fehlstellungen.

Die Wirbelsäule hat zentrale Bedeutung als ausgleichendes Element. Ist die Beweglichkeit der Wirbelsäule durch Verkrümmungen oder Versteifungen eingeschränkt, so kann man dagegen nur wenig tun. Hohlkreuz, gerader Rücken oder seitliche Verkrümmung müssen als Normalstellung angenommen werden. In dieser tatsächlich von der Norm abweichenden Normalstellung muss man einen Weg finden, beide Gesäßknochen gleichmäßig zu belasten, auch wenn dadurch die optische Symmetrie des Sitzes leidet. Durch Konzentration auf den Belastungsgrad und auf die Druckverteilung auf den Sitzknochen sowie durch Übungen zur Sensibilisierung auf »Bewegungsqualität« (leichter, eleganter, runder, schöner) kann auch ein »krummer« Reiter sein Pferd gerade richten.

Zusätzlich kann man versuchen, die Wirbelsäule in ihre maximal mögliche Länge zu bringen – durch Aufrichtung im Brustkorb und Streckung in der Halswirbelsäule nach oben.

Durch dieses Längen der Wirbelsäule (dehnen nach oben) kann man bis zu einem gewissen Grad Verkrümmungen begradigen, genauso, wie man ein verknautschtes Band durch Zug an beiden Enden wieder begradigt.

Reitschüler mit Wirbelsäulenproblemen sollte ein Ausbilder auf keinen Fall in eine als optisch richtig definierte Haltung pressen. Damit macht er deren Sitz steif und unbeweglich und verschlimmert unter Umständen vorhandene Probleme.

Vielmehr muss er einen Blick dafür entwickeln, ob der Schüler seine Sitzknochen zweckmäßig belastet, sein Becken loslässt und die größte ihm mögliche Bewegungsfreiheit seiner Wirbelsäule erlangt.

Bewegungstyp und stabiler Typ

Hinsichtlich der Art, wie bestimmte Körperbau-Typen mit unterschiedlichen Bewegungssituationen und Dynamiken umgehen, kann man grob zwischen Bewegungstyp und stabilem Typ unterscheiden.

Pferd und Reiter im Bewegungstyp.

Pferd und Reiterin im stabilen Typ.

Der Bewegungstyp hat einen hoch liegenden Schwerpunkt und einen eher athletischen Körperbau mit breiten Schultern und schmalen Hüften und oft langen Gliedmaßen. Schnelle Veränderung der Haltung und schnelle Reaktionen zeichnen diesen Typ aus (Dynamik).

Auf Pferdeseite entspräche diesem Menschen ein hochbeiniges Rennpferd.

Der Schwerpunkt des stabilen Typs liegt tiefer. Oft hat er schmale Schultern und ein breites Becken, was einen tiefen Sitz erleichtert (breite Sitzbasis), aber auf Kosten der schnellen Gleichgewichtsanpassung an veränderte Reit-Situationen geht. (Schmale Schultern lassen oft ein freies Hängen des Ellbogens nicht zu – der Ellbogen sieht immer etwas abgespreizt aus).

Diesem Typ entspräche ein gedrungenes, eher kurzbeiniges Pferd.

Mit den Entsprechungen meine ich nicht, dass der Bewegungstyp am besten ein Rennpferd und der stabile Typ ein schweres, stabiles Pferd reiten sollte. Sie sollen nur einen Vergleich der sowohl bei Pferden als auch bei Menschen unterschiedlichen Art, sich zu bewegen und zu reagieren, bieten.

2.2.5 Das Reaktions-Schema der Angst – Beugemuster

Angst wird oft dadurch ausgelöst, dass der Mensch keine Handlungsalternative hat und reflektorisch, d.h. unwillkürlich reagiert. Wer sich einem äußeren Geschehen hilflos ausgeliefert fühlt, reagiert nach einem zwanghaften Muster, wenn er nicht mehrere Möglichkeiten zur Verfügung hat. Sich in kritischen Situationen einen Handlungsspielraum zu schaffen, d.h. eine oder mehrere Alternativen parat zu haben, kann erlernt werden. Gewohnheit ist allerdings der Feind von Handlungsspielräumen. Gewohnheit muss bewusst durchbrochen werden, neue Handlungsweisen und Bewegungsmuster müs-

Durch den hängenden Kopf wird das unerwünschte Beugemuster im Sitz eingeleitet.

Die Aufrichtung in der Halswirbelsäule durch den erhobenen Kopf wirkt sich auf die Aufrichtung des gesamten Oberkörpers aus.

sen spielerisch ausprobiert werden – auch, wenn diese anfangs irgendwie falsch und unbequem erscheinen.

Manche Situationen erfordern tatsächlich eine Reflexhandlung, weil alles andere zu langsam wäre. Wer ausrutscht, fängt sich nur deswegen so schnell wieder, weil ein sehr alter, reflektorischer Teil seines Nervensystems (das limbische System) blitzartig die Kontrolle an sich reißt und den Körper wieder aufrichtet. Diese alten Teile verhindern im Falle einer tatsächlichen Gefahr größere Schäden für Leib und Leben. Sie sind auch für manche Angstreflexe zuständig.

Beim Reiten müssen manche dieser alten Reflexe umprogrammiert werden, um die wichtigsten Funktionskreise (2.2.1 bis 2.2.3) nicht zu gefährden.
Eine tief sitzende Ur-Angst ist die Angst vor dem Fallen. Sie ist die allererste Angst des Kindes, alle anderen Ängste sind von dieser Angst abgeleitet. Die reflexhafte Reaktion auf die Angst vorm Fallen ist das Zusammenkrümmen des Körpers, um beim Fall die lebenswichtigen Organe zu schützen. Der ganze Körper fällt in die Embryostellung, das Ur-Beugemuster, wenn eine Angst stark genug wird.
Dieses Beugemuster hemmt jede Bewegung – auch die des Beckens. Angst macht unbeweglich und starr. Und krumm. Wie vorher schon erwähnt, führt eine »Starre« auf dem sich bewe-

Angst und Gleichgewichtsprobleme bedingen und verstärken sich gegenseitig.

Angst macht unbeweglich, starr und krumm.

Vorstellungsbilder

Ich sinke tiefer in den Sattel, werde schwerer, wenn das Pferd nach vorne weglaufen will.

Ich wachse nach oben (werde größer) statt zusammenzufallen.

Mein Rücken wird länger und breiter, mein Brustkorb weiter, ich werde selbstbewusster – ich richte mich auf!

Ich hebe den Kopf und die Hände, wenn das Pferd sich hinter dem Zügel verkriechen will.

Ich benutze den inneren Zügel nur zur seitlichen Abstellung nach innen.

Ich korrigiere durch stärkere Abstellung, wenn das Pferd mir davoneilen will.

Ich führe die Hand zur Seite, wenn das Pferd den Hals nach oben drückt.

Meine Ellbogen (meine Schultern) fallen nach unten.

An meinen Fußgelenken hängen Gewichte, die nach unten ziehen.

Mein Kopf wird nach oben gezogen, das Okzipitalgelenk ist frei beweglich.

Ich habe genug Zeit!

Es gibt nur mich, mein Pferd und die Aufgabe, die ich bewältigen will.

genden Pferderücken schnell dazu, das Gleichgewicht zu verlieren, also instabil zu werden. Angst und Gleichgewichtsprobleme bedingen und verstärken sich also gegenseitig.

Die Angst vor dem Herunterfallen kennt jeder Reiter. Um nicht automatisch in das Beugemuster zu verfallen, wenn z.B. das Pferd einen unvorhergesehenen Satz macht, muss der Reiter seine Reflexe umprogrammieren. Das kann er auf verschiedene Weise tun. Sitzübungen an der Longe können helfen, Trockentraining mit Übungen zu Bewegungs- und Körpergefühl, Angstbewältigungsprogramme für Pferd und Reiter am Boden (Bodenarbeit, Vertrauensaufbau) und mentales Training über Vorstellungsbilder nach dem Muster »Wenn-Dann«.

2.2.6 Funktionelle Atmung

Eine funktionelle Atmung hängt mit ungestörter Bewegung im Brustkorb zusammen.
Ein eingefallener Brustkorb behindert das Einatmen. Wer schon einmal einen Schlag in den Magen bekommen hat, weiß, dass ein solcher ein Zusammenkrümmen (siehe auch Beugemuster) verursacht und in dieser Stellung das Einatmen kurzfristig nicht mehr möglich ist.
Andererseits blockiert angehaltener Atem jede Bewegung. Wer einen Schreck bekommt, schnappt nach Luft und »erstarrt«. Damit setzt er sich unter Spannung, füllt seine Lungen mit Sauerstoff, um notfalls schnell Energie für Kampf oder Flucht mobilisieren zu können.
Mit bewusstem Ausatmen entspannt er sich wieder. Atmet er rasch aus, so setzt er die Spannung schnell wieder frei. Viele Kampfsportler stoßen vor dem Angriff die Luft in Form eines Schreis aus – damit setzen sie blitzartig Energie (Kraft) frei.
Mit dem ruckartigen Ausstoßen der Atemluft können Sie auch Ihr Pferd blitzschnell anhalten. Probieren Sie einmal aus, was passiert, wenn Sie die Luft mit einem Schrei ausstoßen: Die Bauchmuskeln spannen sich, der Brustkorb fällt zusammen, die Rippen nähern sich den Beckenknochen – der Beckenkamm wird nach hinten

Atmung

Lockere Aufrichtung und ungehindert fließende Atmung auch in schweren Lektionen – die Galopp-Phase bedingt allerdings das leichte Kippen des Beckens nach vorne.

gekippt. Merken Sie was? Das ist die blockierende Gewichtshilfe.

Westernreiter nutzen diesen Mechanismus – oft, ohne es zu wissen – indem sie einen Stopp mit der Stimmhilfe »Ho« oder »Whoa« einleiten. (Alle anderen Reiter die mit einer – zusätzlichen – Stimmhilfe anhalten, natürlich auch.)

Hier haben wir den Nutzen von unterbrochener Atmung.

In den Fällen, in denen Bewegung nicht gestoppt oder blockiert werden soll, muss auch die Atmung ungehindert »fließen«, darf also nicht stocken. »Mir stockt der Atem« ist immer ein Synonym für Erstarrung. Und die brauchen wir auf dem sich bewegenden Pferd nun überhaupt nicht, wie wir in den anderen Funktionskreisen gesehen haben.

Ein bewusstes Ausatmen löst vorhandene Spannung. Ein bewusstes Einatmen richtet den zusammengefallenen Brustkorb auf.

Bewusstes Ausatmen muss jedoch nicht zwingendermaßen Bewegung blockieren. Atmet man langsam genug aus, so fällt nicht der Brustkorb zusammen, sondern es werden nur die Schultern »gelöst« (siehe auch Funktionskreis 3).

Bewusstes Einatmen und langsames Ausatmen mit Sinkenlassen der Schultern und Beibehaltung der Aufrichtung im Oberkörper.

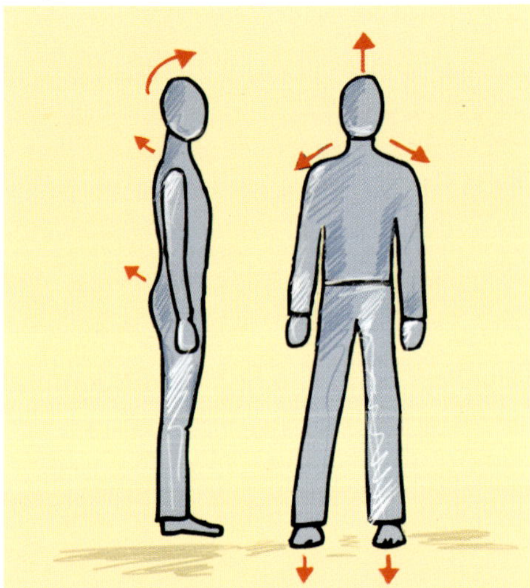

Eine Übung für bessere Koordination und Beweglichkeit in der Halswirbelsäule: Blickrichtung/Kopfdrehung und Armbewegung gegenläufig ausführen.

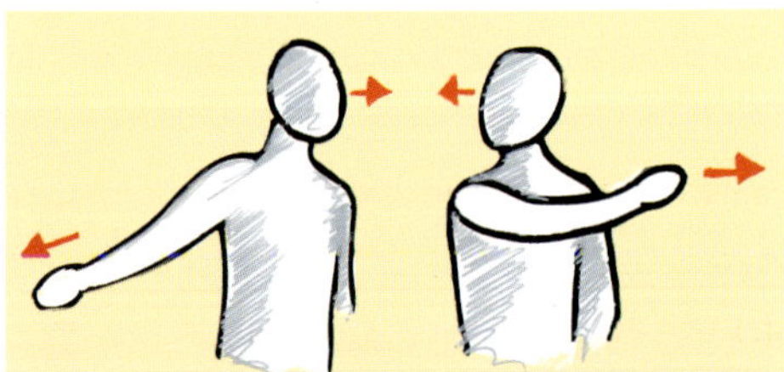

Die »Einatmen-Stellung« mit Aufrichtung im Brustkorb und »fallenden« Ellbogen.

Locker aufgerichtete »Erwartungshaltung« mit breiter Zügelführung für ein junges Pferd.

Eine schöne Übung sowohl für die Aufrichtung im Brustkorb als auch für das richtige »Fallenlassen« der Schultern ist folgende:
Stellen Sie sich locker, mit leicht gebeugten Knien hin. Atmen Sie langsam tief ein – spüren Sie, wie der Brustkorb sich hebt, der Oberkörper sich aufrichtet, Ihre Rippenbögen etwas nach oben kommen. Stellen Sie sich vor, es zieht zusätzlich jemand Ihren Kopf nach oben, so dass das Okzipitalgelenk (1. Halswirbel am Schädelansatz) frei wird. Halten Sie diese »Einatmen-Spannung« 2–3 Sekunden – atmen Sie dann langsam wieder aus, lassen Sie dabei den Schwerpunkt oben in der Einatmen-Stellung (der Oberkörper bleibt aufgerichtet) – erlauben Sie es Ihren Schulten jedoch, mit dem Ausatmen senkrecht nach unten zu sinken (nicht nach vorn). Damit entspannen Sie das Schultergelenk und die Halswirbelsäule. Drücken Sie die Schultern jedoch nicht bewusst nach unten, denn dann haben Sie nur die eine Spannung durch eine andere ersetzt.

2.2.7 Ungehinderte Wahrnehmung und schnelle Reaktion

Wenn die Funktionskreise 2.2.1 bis 2.2.3 »fehlerfrei zusammenwirken«, so sitzt der Reiter in einer Art »losgelassener Erwartungshaltung« auf dem Pferd. Diese Haltung ermöglicht ihm das Erspüren jeder Absicht des Pferdes und eine blitzschnelle Reaktion. Jede Hilfe und jede Korrektur erfordert nur einen Bruchteil des Aufwandes an Kraft und Energie, wenn sie rechtzeitig erfolgt. Rechtzeitig heißt: bevor das Pferd sich in einer Bewegungsphase befindet, die eine Hilfe erschwert bzw. bevor es sich – im Korrekturfall – schon aus der Kontrolle des Reiters befreit hat. Läuft das Pferd z.B. schon über die äußere Schulter weg, so ist dies nur noch sehr schwer zu korrigieren. Erspürt der Reiter die Absicht des Pferdes rechtzeitig, so lässt er den äußeren Zügel gar nicht erst so lang werden, dass das Pferd die äußere Schulter freibekommt, um über die

Schulter nach außen zu drängeln. Notfalls reitet er in Außenstellung (siehe Funktionskreise Reiter und Pferd ab Seite 93)

Nur, wer schnell und sicher wahrnimmt, kann korrekt und schnell genug reagieren.

Schnell genug im Bezug auf Aktionen des Pferdes nimmt der Reiter nur wahr, wenn der gesamte Körper an der Wahrnehmung beteiligt ist. Und wenn alle Wahrnehmungsrezeptoren »wach« sind. Zur Wahrnehmung gehören alle Sinnesorgane, auch die den Muskeln und Gelenken eigenen »reflektorischen Organe«, welche die Stellung von und die Spannungen in den Gelenken melden (und oft auch unwillkürliche Reaktionen des Reiters verursachen).

Eine sichere Wahrnehmung hat, wer das, was er mit seinem Körper fühlt, sieht, hört, riecht auch hinsichtlich seiner Bedeutung und Ursache einordnen kann. Nur dann wird eine adäquate, der Situation angemessene Reaktion möglich sein.

Ursache und Wirkung

Vor allem muss der Reiter unterscheiden können zwischen ursächlich vom Pferd ausgehenden Veränderungen und ursächlich von seinem eigenen Körper ausgehenden Veränderungen.

»Nur, wenn Sie wissen, was Sie tun, können Sie tun, was sie wollen« schreibt Moshé Feldenkrais in seinem Buch »Die Entdeckung des Selbstverständlichen«.

Das bedeutet für den Reiter: Er muss zwar sehr genau wahrnehmen (wissen, fühlen), was sein Pferd im Moment tut, oder gerade im Begriff ist, zu tun. Er muss aber auch – und zuallererst – wahrnehmen (wissen), was sein eigener Körper tut (welche Muskelspannungen und Tendenzen vorherrschen), und welche Signale er damit dem Pferd gibt bzw. geben kann. Das wache

Ursache und Wirkung: Die Reiterin lässt die Hand sinken – das Pferd reagiert mit dem Fallenlassen des Halses.

Bewusstsein der Abläufe im eigenen Körper gehört genauso zu einer sicheren, unverzerrten Wahrnehmung des Reiters wie die Wahrnehmung von äußeren Faktoren (Hindernissen, Geräuschen) und von Abläufen im Körper des Pferdes. Da jeder Mensch selektiv aus einer Vielzahl von Reizen auswählt, muss die Aufmerksamkeit bewusst auf die wichtigeren Reize und Abläufe gerichtet werden. Zweitrangige Reize müssen zweitrangig behandelt werden. Gerade im Um-

Das Pferd spiegelt den Reiter

Abläufe im Körper des Reiters spiegeln sich in den Bewegungen des Pferdes.

Es gilt: Losgelassener Reiter = losgelassenes Pferd
Gespannter, verbissener Reiter = verspanntes Pferd

Rechtzeitig reagieren!

Das sichere Erspüren einer Veränderung der Spannung im Pferdekörper ist nötig, um unerwünschte Aktionen des Pferdes im Ansatz zu unterbinden (um schnell und sicher zu korrigieren).

Verbale Handlungsanweisungen müssen in Gedankenbilder und Bildreihen umgesetzt werden, damit sie im Bedarfsfall schneller abgerufen werden können.

gang mit dem Pferd (am Boden und im Sattel) ist es oft wichtiger, in sich selbst hineinzuhorchen und seinen eigenen Körper zu befragen, was er eigentlich tut, als das Pferd »zu lesen«. Das Pferd ist nämlich tatsächlich in vielen Fällen nur der Spiegel des Reiters und dessen Unzulänglichkeiten, Ängsten und Verspannungen.

Umschalten

Ein schnelles Umschalten von innerem »Selbstbild« zu äußerem »Bild des Pferdes« ist oft notwendig. Das Bild des Pferdes wird erfühlt, wenn der Reiter im Sattel sitzt und gesehen, wenn er am Boden arbeitet. Das Selbstbild muss immer erfühlt werden, kann jedoch im Spiegel überprüft werden. Deswegen sind Reithallen ja mit Spiegeln ausgestattet …

Besser ist es jedoch, sein Selbstbild erst einmal ohne Pferd vor einem Spiegel zu prüfen und notfalls auch zu korrigieren. Besonders für eine Korrektur braucht man soviel Konzentration und Aufmerksamkeit hinsichtlich des eigenen Körpers, dass das Pferd in den Anfängen der Selbstkorrektur eher stören würde.

Das Loslassen des Zügels begünstigt einen unabhängigen, locker aufgerichteten Sitz mit Minimalspannung.

Die blockierende Phase einer Parade aus dem Galopp zum Halten: Die Zügelspannung wird kurz verstärkt und das Becken gekippt. Die Vorwärtsbewegung ist schon blockiert, die Hinterhand springt noch unter. Sekundenbruchteile später muss die Hand schon wieder nachgeben und die Zügelspannung wegnehmen.

Das Erspüren einer veränderten Spannung im Pferdekörper ist notwendig, um eine unerwünschte Aktion des Pferdes im Ansatz zu unterbinden.

Bildhafte Aktions-Bibliotheken

Wenn man versucht, jede Bewegung bewusst auszuführen, wird man immer zu langsam reagieren, wenn ein nicht erwünschtes Verhalten des Pferdes im Ansatz korrigiert werden soll. Vor allem in Hinblick auf die manchmal blitzschnellen Aktionen eines Pferdes.

Der Weg, schneller zu reagieren, führt über eine Form des mentalen Trainings, wie schon im ersten Kapitel erwähnt: über eine abrufbare, bildhafte Aktions-/Reaktions-Bibliothek.

Diese wird folgendermaßen aufgebaut:

- 1 Eine Situation wird analysiert: Was ist passiert – was hat das Pferd getan, was habe ich getan – was hätte ich tun sollen, was hätte ich besser machen können?

- 2 Ein Ziel wird formuliert: Wenn diese Situation auftritt, dann muss ich das und jenes tun.

- 3 Die Situation wird bildhaft vorgestellt und im Geist durchgespielt – zuerst langsam, Wort für Wort oder treffender gesagt »Bild für Bild«.

Ein Beispiel in Kurzform: Ich will eine Parade vom Trab zum Schritt geben – dafür muss ich das Pferd zuerst »vor mir« haben (die Hinterbeine müssen untertreten, der Rücken des Pferdes muss schwingen) – ich muss mein Becken kippen und den äußeren Zügel annehmen, die Zügelspannung kurz verstärken – ich muss die Hand oben lassen (nicht die Hand herunterdrücken) – ich darf nicht nach hinten ziehen – ich muss nachgeben, wenn das Pferd im Schritt ist – ich muss mein Becken rechtzeitig wieder loslassen, das Schwingen meiner Wirbelsäule wieder zulassen (d.h. auch die Rückenbewegung des Pferdes wieder zulassen), damit das Pferd in der Bewegung bleibt und nicht stockt. Und das sind nur die Hauptpunkte, ohne die Feinheiten hinsichtlich des Timings (Reihenfolge und »Gleichzeitigkeiten«).

- 4 Die Ausführung wird als »Bildreihe« gespeichert, so dass sie abrufbar wird.

Kapitel 3 Funktionskreise beim Pferd

3.1 Körperspannung und Haltung des Pferdes

Haltung ist der beim Reiten am meisten missverstandene Begriff. Das gilt nicht nur für die Haltung des Reiters, sondern insbesondere auch für die des Pferdes.

Wie beim Reiter auch gilt der Satz: Haltung ist Bewegung. Und die Bewegung ist immer ganzheitlich zu sehen.

Es nützt also nichts, nur die Hinterhand eines Pferdes zu betrachten oder nur seine Kopfhaltung; es muss immer das ganze Pferd beurteilt werden. Und dazu gehört eine Menge mehr als nur zu sehen, ob es seine Nase herunter nimmt. Besonders der Rücken des Pferdes als Schaltstelle zwischen hinten und vorn und als Verbindungsstelle zum Reiter muss beurteilt werden. Doch auch dieser kann nie isoliert von anderen Faktoren gesehen werden, insbesondere nicht vom Hals. Hals und Rücken hängen über Muskulatur und Wirbelsäule untrennbar aneinander. Das bedeutet, dass eine – natürliche oder durch den Reiter verursachte – Fehlstellung in einem Bereich der Wirbelsäule immer alle anderen Teile in Mitleidenschaft zieht. Und zudem auch noch die Schulter und die Beine samt der Gangmechanik – also das gesamte Pferd.

Vom Reiter verursachte Fehlstellungen

Beliebtestes »Angriffsziel« für durch den Reiter verursachte Fehlstellungen ist die Halswirbelsäule. Das Pferd geht über, hinter oder gegen den Zügel oder wird mit Gewalt (d.h. Hilfszügeln oder starrer Reiterhand) in eine Haltung gepresst, die nichts mehr mit einer natürlichen bzw.

Unterschiedliche Lektionen mit erhöhter Körperspannung des Pferdes.
Oben die Galopp-Pirouette mit notwendigerweise hoher Versammlung und Spannung.
Unten der Ansatz zum Spin mit einem jungen Pferd in guter Stellung und Haltung.

Akzeptable Haltung im Galopp mit Nase vor der Senkrechten und freien Ganaschen.

Ein Beispiel für eine extreme Fehlhaltung hinter dem Zügel. Das Pferd knauscht sich in der Halswirbelsäule zusammmen. Die Schulterfreiheit ist stark eingeschränkt.

unter dem Reiter zweckmäßigen Haltung gemein hat. Das Pferd nimmt bei dieser erzwungenen Haltung diverse »Ausweichmanöver« vor, um dem unnatürlichen Zwang zu entgehen – vor allem dann, wenn es aufgrund seiner körperlichen Entwicklung und seines Trainingszustandes noch nicht fähig ist, »in Haltung zu gehen« – was immer auch so mancher Reiter darunter versteht. Es drückt den Rücken weg, lässt sich nicht biegen, macht die Schulter fest, »knautscht den Hals zusammen« oder stellt die Hinterhand nach hinten heraus. Es lässt den Reiter nicht sitzen, rennt ihm unter dem Allerwertesten weg oder geht nicht vorwärts (klemmt).

Die Bewegungen sind nicht mehr leicht und elegant, sondern gespannt oder besser verspannt. Das Pferd verbraucht viel Kraft dadurch, dass es gegen den Reiter – vor allem gegen die Hand des Reiters – und oft auch gegen sich selbst arbeitet. Deswegen wird ein in Haltung gepresstes Pferd nie die in einer Dressur prinzipiell geforderte Eleganz erreichen.

Problematisch ist allerdings derzeit, dass auf Turnieren die formale Korrektheit der Lektionen einer Vorstellung vor der Eleganz und Leichtheit des Gesamteindrucks rangiert. Es ist zwar traurig, aber das derzeitige Bewertungssystem fördert die falsche Art der Ausbildung. Es leistet aus meiner Sicht der »Kraftreiterei« Vorschub. Die Pferde werden eingespannt wie in einem Schraubstock – und so sehen sie in der Dressurprüfung auch oft aus: Sie zeigen gespannte Tritte, eine falsche Aufrichtung mit verkürztem Hals und eine nach hinten herausgestellte Hinterhand (selbst in schweren Lektionen, wie der Piaffe).

Unstimmigkeiten erkennen

Die meisten Reiter haben nicht gelernt, zu beur-

Ein Beispiel für die Haltung leicht über dem Zügel. Die Nasenlinie an sich wäre zwar ok, jedoch drückt das Pferd den Hals hoch, was zu einer Steifheit in der Schulter führt.

Eine Dehnhaltung, die das Pferd freiwillig ohne Hilfszügel einnimmt. Durch den hoch angesetzten Hals sieht diese Dehnung allerdings anders aus als bei Pferden mit tiefer angesetztem Hals.

teilen, ob ein Pferd wirklich losgelassen und entspannt unter dem Reiter ist, sich selbst trägt und leicht am Zügel steht. Sie sehen nur, dass die Nase unten ist – also wird das Pferd wohl am Zügel stehen. Die meisten Pferde tun es tatsächlich nicht. Sie stehen nicht am Zügel, sondern arbeiten entweder gegen den Zügel oder verstecken sich vor dem Zügel, indem sie sich einrollen, also hinter dem Zügel gehen.

Beides ist in leichten Ausprägungen für denjenigen, der nicht ganz genau hinsieht, schwer zu erkennen. Neben der Kopfhaltung muss dabei vor allem auf die Stellung des Halses und die Hinterhand geachtet werden. Und natürlich darauf, dass der Rücken des Pferdes sich bewegt und nicht festgehalten wird.

Die Gesamtwirkung von Pferd plus gegebenenfalls Reiter ist entscheidend. Es gibt viele kleine und größere Anzeichen, dass etwas nicht stimmt:

Kann der Reiter schlecht sitzen?

Sieht das Pferd unwillig aus, ist es verspannt? Kräuselt es die Nüstern, beißt es die Zähne zusammen? Klappt es mit den Zähnen, reißt es die Augen auf?

Schwitzt es stark, auch wenn die Außentemperaturen nicht allzu hoch sind? Starkes Schwitzen – vor allem am Hals – deutet auf Aufregung und falsche Anspannung hin. Richtigerweise schwitzt das Pferd vorwiegend unter dem Bauch (dann arbeitet die Hinterhand).

Auch übermäßiges Kauen mit »Sahneflöckchen vor dem Maul« ist kein Zeichen von Losgelassenheit und einem »guten Maul«, sondern eher von nervöser Anspannung. Leichtes Kauen mit einem Hauch von Weiß im Maulwinkel (»White Lipstick«) ist dagegen ein Zeichen von ruhiger, zufriedener Maultätigkeit. Bei Reitweisen, die mit wenig Zügeleinwirkung arbeiten

Gute Haltung des Pferdes mit gedehntem Hals und zufriedenem Gesichtsausdruck. Die Reiterin hat etwas zu viel Druck im Bügel, ist jedoch ausreichend locker im Beckenbereich.

Durch das extreme Ausstrecken der Arme kommt zu viel Spannung in den Sitz der Reiterin. Dem Pferd gefällt das nicht – der unzufriedene Gesichtsausdruck mit gekräuselten Nüstern zeigt es.

oder beim Reiten auf gebisslose Zäumungen (western z.B.) kauen die Pferde oft kaum, weil wenige Impulse im Maul ankommen.

Der Unterschied zwischen erwünschter Körperspannung und Verspannung

Eine Bewegung ohne das Wechselspiel zwischen Spannung und Entspannung ist nicht möglich. Auch Haltung ist prinzipiell Bewegung; die Haltemuskulatur braucht jedoch eine gewisse Grundspannung, einen Muskeltonus. So, wie auch der Reiter für seine Aufrichtung in der Brustwirbelsäule einen gewissen Grundtonus braucht und für seine bewegte Haltung auf dem Pferderücken rhythmisch wechselnde Spannung.

Wir wollen, dass das Pferd seine Oberlinie dehnt, damit es während der Arbeit unter dem Reiter im Rücken weitestgehend entspannt bleiben kann, ohne ihn durchhängen zu lassen. Die Dehnung hält den Rücken tragfähig, ohne ihn zu (ver-) spannen. Die Dehnung des Rückens wird über die aktive Hinterhand und das freie Vortreten der Vorderbeine aus der Schulter bei nach vorne-unten gedehntem Hals erreicht. Durch diese Dehnung hebt sich der Rücken des Pferdes und erhält seine Grundspannung, um das Reitergewicht schadensfrei zu tragen.

Die Muskeln, die für Bewegung und nicht für Haltung zuständig sind, müssen mit rhythmischer »Wechselspannung« arbeiten. Der aktive Muskel verkürzt sich, sein Gegenspieler wird gedehnt, entspannt. Eine zu hohe Grundspannung in den verschiedenen großen Bewegungs-Muskeln behindert die Beweglichkeit einzelner Körperteile bzw. des ganzen Pferdes und damit seine Fähigkeit, sich gut auszubalancieren – das Pferd gilt als steif. Es tritt z.B. nicht genug vor oder hält die Schulter fest.

Das Pferd versucht sich den Zügelhilfen nach hinten zu entziehen. Es verkriecht sich hinter dem Zügel. Der extreme Hals begünstigt dieses Ausweichmanöver des Hengstes.

Korrektur der Fehlhaltung hinter dem Zügel durch kurzfristiges Anheben beider Hände – auch wenn dabei das Pferd einen Moment stark über den Zügel kommt.

Eine dauerhafte Steifheit des Pferdes lässt jedoch in vielen Fällen auf einen Reiter schließen, der nicht in der Lage ist, sein Pferd zu entspannen und »über den Rücken« zu reiten.

Natürlich gibt es auch Pferde, die aufgrund ihres Exterieurs größere Probleme mit der Balance und der Entspannung unter dem Reitergewicht haben – es zeichnet jedoch den guten Ausbilder aus, mit Geduld und Einfühlungsvermögen auch solche Pferde ohne dauerhaften Zwang »schön« und locker zu reiten.

Das Pferd soll sich losgelassen, aber nicht schlaff bewegen.

Dehnungshaltung bedeutet nicht »Hals hängen lassen«.

In der Dehnungshaltung ist die Nase immer vor der Senkrechten.

Losgelassen, aber nicht schlaff

Das Pferd soll seine Oberlinie dehnen, um den Rücken tragfähig zu machen. Nur dann kann der Rücken ohne (Ver-)Spannung unter dem Reitergewicht schwingen.

Wir wollen, dass sich das Pferd entspannt (losgelassen), aber nicht schlaff bewegt.

Es soll eine akzeptable Körperspannung (Muskeltonus) haben, darf sich jedoch nicht »festhalten«, denn dann arbeitet es gegen sich selbst; es strengt sich bei allen Bewegungen mehr an, als nötig wäre.

Nur mit rhythmisch wechselnder Muskelspannung können Muskeln trainiert (aufgebaut) werden. Ein dauernd verkürzter Muskel ermüdet nur und wird nicht stärker.

(Körper-)Spannung ist notwendig, um überhaupt einen Zusammenhalt der einzelnen Körperpartien in Bewegung zu ermöglichen. Ohne einen

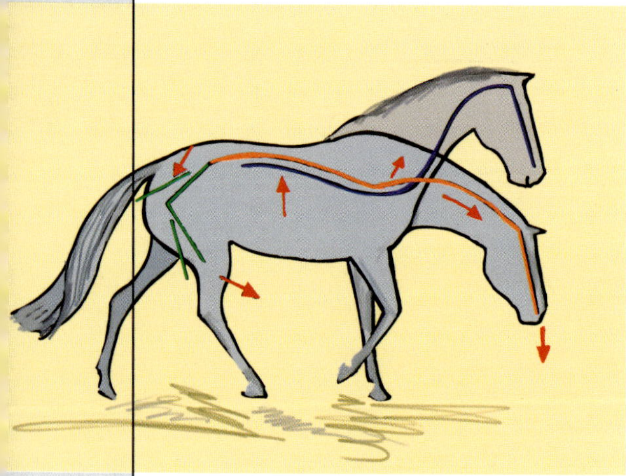

Die richtige Haltung des Pferdes mit maximaler Länge der Wirbelsäule – gedehnt (rot) und mit aufgerichtetem Hals (blau).

ausreichenden Grundtonus wirkt jede Bewegung schlaff und kraftlos. Das Pferd lässt sich hängen und schlurft durch die Gegend.
(Ver-)Spannung ist jedoch gleichzusetzen mit Steifheit. Die beiden muskulären Gegenspieler, die Beuger und Strecker, arbeiten ungleichmäßig stark und behindern deswegen den Aktionsradius einer Bewegung.

Welche zu stark angespannten Muskeln wann welche Bewegungen behindern, und welche herausragende Bedeutung dabei eine zweckmäßige Hals- und Kopfhaltung des Pferdes hat, soll in den folgenden Funktionskreisen erläutert werden.

3.2 Spannungsbogen, Dehnungshaltung und »Oberlinie«

Gleichmäßiger Spannungsbogen

Sowohl das in die Tiefe gerittene junge Pferd als auch das versammelte Pferd müssen einen gleichmäßigen Spannungsbogen in der Oberlinie aufweisen.
Mit Oberlinie ist alles gemeint, was von der Wirbelsäulenstellung beeinflusst ist – d.h. alle Bereiche vom ersten Halswirbel (im Genick) bis zu den Schweifwirbeln in der Schweifrübe.
In dieser Oberlinie darf es keine Brüche und Blockaden geben – weder seitlich noch nach oben oder unten. Alle Wirbel müssen frei beweglich sein, um das freie Schwingen der Wirbelsäule des Pferdes (und eine gleichmäßige Längsbiegung) zuzulassen.
Eine ungleichmäßige Spannung in der Oberlinie führt dazu, dass Teile des Pferdes »überspannt« sind und andere deswegen »unterspannt«, d.h. zu lose sind, hängengelassen werden.
Häufig kommt es vor, dass im Bereich der sieben Halswirbel eine Überdehnung stattfindet, dafür aber der Rücken an Unterspannung leidet, d.h. durchhängt (das beliebte »Auf den Kopf stellen« der Pferde, führt zu diesem Missverhältnis). Den meisten Reitern ist nicht klar, welchen gesundheitlichen Schaden Sie ihrem Pferd damit zufügen können, wenn sie es ständig mit der Nase »hinter der Senkrechten« reiten.

Steifheit und Verspannung durch schwache Muskulatur oder falschen Rahmen

Ein verspanntes Pferd kann aus drei Hauptgründen verspannt sein.

- **1 Verspannung kommt aus der Hinterhand,** wenn diese schwach entwickelt und (noch) nicht gut genug gymnastiziert ist, um vermehrt Gewicht aufzunehmen. Die Tragkraft muss entwickelt werden. Dazu ist langsame und vernünftige Aufbauarbeit an der Longe und unter dem Reiter nötig.
- **2 Spannung in Vorhand und Hals** resultiert häufig aus falscher Zügeleinwirkung; sie

wird durch einen dem Exterieur und Ausbildungsstand des Pferdes nicht angepassten Rahmen begünstigt, den der Reiter ihm mit der Hand – oder mit Hilfszügeln – aufzwingt. Das Pferd fühlt sich unwohl und benutzt die falschen Muskeln, um die erzwungene Haltung aufrecht zu erhalten. Das beeinträchtigt seine Balance und es benutzt unter Umständen die Reiterhand als fünftes Bein. Die Bewegungen der Vorhand werden kürzer, weil das Pferd die Schulter festhält bzw. in den Boden stemmt und gegen die Hand des Reiters drückt.

Ein schwungloses Pferd mit festgehaltener Schulter entwickelt z.B. in kürzester Zeit mehr Raumgriff aus der Schulter, wenn die feste Handeinwirkung wegfällt und es seinen Hals nach vorne dehnen kann. Ein losgelassener Zügel kann da Wunder wirken.

■ **3 Viele Pferde verspannen sich auch im Rücken**, weil sie nicht genug auf das Tragen des Reitergewichtes vorbereitet wurden, weil sie in eine nicht zweckmäßige Haltung gezwungen werden oder weil der Sattel nicht passt (Rückenschmerzen).

Neben den hier beschriebenen reiterlichen Ursachen für Verspannungen und Steifheiten gibt es leider auch pathologische Ursachen sowie Haltungs- und Fütterungsfehler, deren Symptome der Reiter kennen sollte, um nichts vom Pferd zu verlangen, was es aufgrund seines Gesundheitszustandes nicht leisten kann.

Schmerzhafte Verspannungen resultieren dabei oft aus länger andauernden »Schonhaltungen«, die das Pferd einnimmt, um einen schmerzenden Körperteil zu entlasten. Es verweigert bestimmte Lektionen, nimmt kein Gewicht mit der Hinterhand auf oder lässt manche Bewegungen einfach nicht zu: Es hält z.B. den Rücken fest, weil es Schmerzen beim freien Schwingen verspürt. Oder es hat Probleme mit der Verdauung (Bauchschmerzen); seine Bauchmuskeln arbeiten deswegen nicht funktionell, was sich wiederum auf die Losgelassenheit des Rückens auswirkt.

Vorwärts reiten mit aktiver Hinterhand und Innenstellung. Der Spannungsbogen des Pferdes ist ungebrochen, der Rücken tragfähig.

Schonhaltungen bewirken oft die Überlastung eines anderen Körperteils. Schmerzt z.B. die Schulter oder das Vorderbein links, so fällt das Pferd vermehrt auf das rechte Vorderbein, belastet also dort zu viel. Verspannung äußert sich dementsprechend nicht unbedingt immer dort, wo ihre eigentliche Ursache liegt.

Wenn das Pferd dauerhafte Probleme bei manchen Lektionen macht, sollten pathologische Veränderungen oder auch Fütterungsfehler ausgeschlossen werden, bevor man mit gezielten Korrekturmaßnahmen beginnt. Häufige pathologische Ursachen sind z.B.

Die Alarmhaltung setzt das Pferd unter Vorspannung.

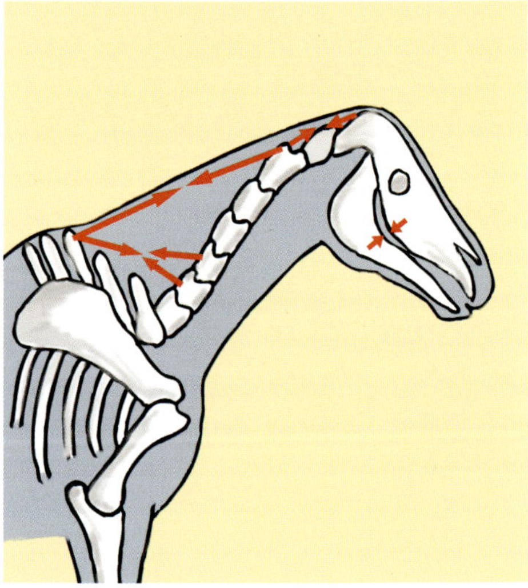

Die Spannung in den Muskeln des Halses (rot) in der Haltung mit gehobenem Kopf.

Vorhand + Hals: arthrotische Veränderungen im Vorderfußwurzelgelenk oder Fesselgelenk, Schale, Hufrollenentzündung, Probleme/Blockaden mit den Halswirbeln, vor allem 1.–3. und 7. Halswirbel.

Hinterhand: eine Schiefstellung des Beckens aufgrund eines Sturzes, Spat, Arthrose.

Rücken: Rotationsblockaden der Rückenwirbel, Probleme im Kreuzdarmbeinbereich, Kissing Spines (entzündliche Veränderungen der Dornfortsätze bei nach unten durchgebogenem Rücken).

Besonders bei mangelnder Rückentätigkeit sollte auch die Fütterung unter die Lupe genommen werden (ausreichende Heufütterung!). Darmprobleme und schlechte Rückentätigkeit stehen häufig in Beziehung zueinander.

Die natürliche Halshaltung und der Einfluss des Reitergewichtes

Ein freilaufendes Pferd benutzt seinen Hals als Balancierstange und trägt ihn (meistens) schräg nach oben mit leicht nach vorn gestreckter Nase. Diese Normalhaltung erfordert die geringste Anstrengung fürs Pferd. Die Muskeln im Kiefer sind locker bei geschlossenem Maul.

Leider taugt aber auch die entspannte natürliche Halshaltung des Pferdes nicht für die Arbeit unter dem Reiter, denn Geritten-Werden ist nicht natürlich fürs Pferd. Es reagiert auf das Reitergewicht – verkürzt den Hals und lässt den Rücken durchhängen. Diese Haltung ist auf Dauer schädlich.

Die Alarmhaltung und ihre Bedeutung

Die Alarmhaltung weicht mit dem hochgereckten Hals von der Normalhaltung ab, dient jedoch nicht sofort der Bewegung, sondern der Beurteilung einer Situation und der Vorbereitung einer Flucht bzw. eines Kampfes. Das Hochrecken des Kopfes ist für das Pferd durchaus anstrengend, verschafft ihm jedoch erst einmal einen besseren Überblick und setzt seine Muskulatur unter Vor-Spannung. Eine solche Vorbereitung des Bewegungsapparates auf eine explosive

Die Umkehrung des Spannungsbogens in der extremen Hohlstellung – eine für das Pferd äußerst gesundheitsschädliche Haltung.

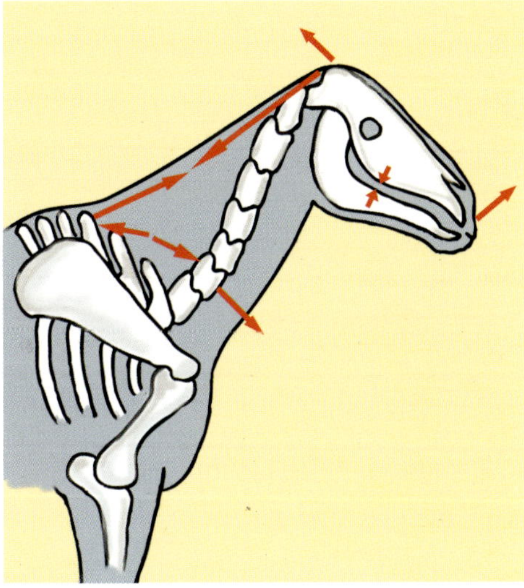

Die Hohlstellung »über dem Zügel«. Oben mit den Spannungsrichtungen im Hals, unten als schematische Zeichnung des Gesamteindrucks unter dem Reiter. Das Foto ganz unten zeigt eine moderate Haltung des Pferdes über dem Zügel.

Kampf- oder Fluchtreaktion ist für das Pferd unter dem Reiter absolut kontraproduktiv, weil diese starke Spannung jede Bewegung erst einmal kurzfristig einfriert. Deswegen muss der Reiter dafür Sorge tragen, dass das Pferd sich unter ihm so sicher fühlt und so gelassen ist, dass es die Alarmhaltung nicht einnimmt (Vertrauensaufbau, Bodenarbeit).

Die schädliche Hohlstellung unter dem Reitergewicht – »über dem Zügel«

Der Hals – und in der Folge der Rücken – werden in der Hohlstellung nach unten durchgebogen. Die Halsoberlinie verkürzt sich, das Genick, die Schädelbasis, bewegt sich nach hinten-unten, die Nase wird steif nach vorn-oben gestreckt. Das ist prinzipiell die Haltung »über dem Zügel«.

Um jetzt das Maul geschlossen zu halten, muss das Pferd die Kiefernmuskeln anspannen. Es beißt die Zähne zusammen.

Der Spannungsbogen kehrt sich um, der Rücken fällt nach unten durch. Dadurch wird die schwin-

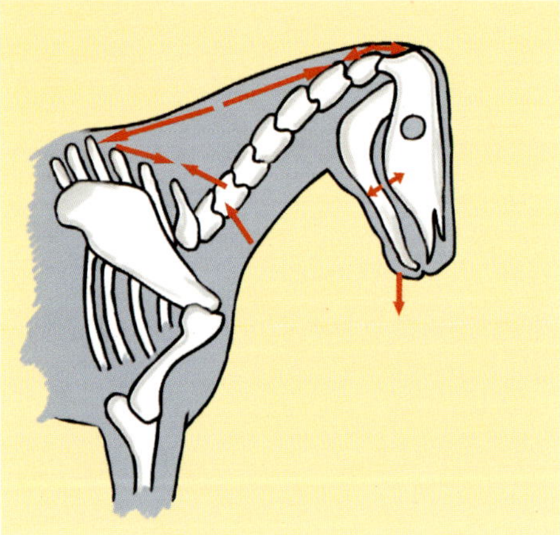

Korrekt »am Zügel«, Nase vor der Senkrechten. Oben mit den Spannungsrichtungen im Hals, unten als schematische Zeichnung des Gesamteindrucks unter dem Reiter. Das Foto ganz unten zeigt eine Trabverstärkung mit freier Schulter und korrekt vorwärts aufgerichtetem Hals.

gende Verbindung zwischen Vorhand und Hinterhand unterbrochen. Bewegungsenergie aus der Hinterhand bleibt teilweise im Pferderücken stecken, kommt also nicht vorne (in der Vorhand und schließlich in der Hand des Reiters) an.

Der Mensch, der seine Aufrichtung in der Brustwirbelsäule übertreibt, die Schultern nach hinten überstreckt und den Kopf in den Nacken legt, hat eine ähnliche Haltung (Hohlkreuz). Sie können leicht ausprobieren, wie unbeweglich Sie mit dieser überstreckten Haltung werden.

(Haben Sie von Natur aus ein Hohlkreuz, so sieht die Sache wieder etwas anders aus, genauso beim Senkrücken des Pferdes. Beide müssen nämlich in dem Fall erst einmal als Normal- bzw. Mittelstellung angenommen werden.)

Rund reiten – den Rücken anheben – »am Zügel«

Als Reiter müssen wir also einige Änderungen in der Haltung des Pferdes bewirken, um es vor sich selbst und vor allem vor unserem Gewicht zu schützen.

Wir müssen es rund reiten, so dass es den Rücken anhebt und Hals und Genick fallen lässt. Wir müssen es zusammenstellen, so dass Vor- und Hinterhand eine echte Verbindung haben.

Ich vermeide hier noch den Begriff Versammlung, auf den das »Rund-Reiten« im Endeffekt hinausläuft, denn Versammlung wird gerne falsch aufgefasst, ähnlich wie die Kopf- und Halshaltung des Pferdes.

Bevor ein Pferd versammelt werden kann, muss es gelockert, entspannt und »gelängt« (gedehnt) werden. Das trifft insbesondere auf den Hals zu. Das Dehnen des Halses vorwärts-abwärts ist die eine Grundlage echter Versammlung, weil es dem Pferd erlaubt, den Hals nach wie vor, wie in der Bewegung ohne Reiter, als Balancierstange einzusetzen. Die zweite ist die Hankenbeugung, die stärkere Winkelung der Gelenkgruppe Hüfte, Knie und Sprunggelenk, das »Setzen« des Pferdes auf die Hinterhand, das Abkippen des Pferdes im Becken. Kopf, Hals und Widerrist heben sich dabei.

Mit aktiver Hinterhand von hinten an den Zügel heran reiten

Um ein Pferd an den Zügel zu reiten, bedarf es allerdings noch etwas mehr als nur Genick und Hals des Pferdes zu entspannen und zu dehnen. Es gibt durchaus Pferde, die den Hals fallen lassen und dabei den Rücken trotzdem nach unten hängen lassen. Es fehlt die aktive Hinterhand (siehe F.3.3.) Die Hals-Oberlinie ist nicht gewölbt, sondern hängt konkav durch, der Unterhals ist zu sehen.

Wenn ein Hinterbein unter tritt, kippt das Becken des Pferdes; der Rücken hebt sich (Vergleich auch »Becken kippen« des Reiters). Die Energie des vortretenden Hinterbeines »fließt« durch den Rücken, lässt ihn schwingen und die Muskeln lockern sich. Das Pferd entspannt und dehnt die Oberlinie und streckt sich an das Gebiss bzw. an die Hand des Reiters heran.

Der Reiter muss also durch verschiedene treibende Hilfen die Hinterhand des Pferdes aktivieren. (Was dabei zweckmäßig ist und was eher hinderlich, dazu in den Funktionskreisen Reiter+Pferd mehr.)

Eine Arbeitsgrundlage schaffen: Das Genick entspannen, den Unterhals verschwinden lassen

Dehnt das Pferd Rücken und Hals, entspannt es auch das Genick. Die Muskeln, welche die Nase

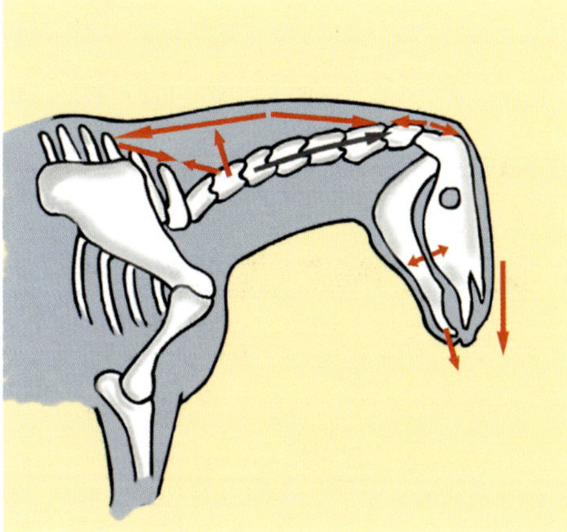

Leicht gedehnte Haltung: Das Pferd entspannt den Kiefer und lässt den Kopf sinken. Die Nase ist vor der Senkrechten
Oben Spannungsrichtungen im Hals, unten schematische Zeichnung des Gesamteindrucks unter dem Reiter.
Das Foto ganz unten zeigt eine leicht gedehnte Haltung.

des Pferdes nach vorn strecken, entspannen (dehnen) sich. Das Pferd »gibt im Genick nach«, die Nasenlinie ist leicht vor der Senkrechten. Der Kiefermuskel ist entspannt, so dass das Pferd mit dem Gebiss im Maul spielen kann. Es beißt nicht mehr die Zähne zusammen.

Die langen Halsmuskeln sind nun gedehnt, d.h. sie leisten keine Arbeit mehr, um den Hals oben zu halten (das könnten sie nur, wenn sie sich verkürzen würden). Diese Arbeit müssen jetzt andere Muskeln übernehmen. Es sind die kurzen Muskeln im Oberhals zwischen Widerrist und den unteren Halswirbeln, die das Halsfundament anheben. Die Ausprägung dieser Muskeln formt den so genannten Reitpferdehals, der sich dem Reiter vor dem Widerrist entgegen wölben soll. Vor Widerrist und Schulter »füllt« sich der Hals durch den Zuwachs an Muskelmasse. Der gesamt Hals wirkt länger, weil seine Oberlinie tatsächlich länger wird in der Dehnung.

Die richtige Dehnung nutzt die Schwere des Pferdekopfes; bei entspanntem Genick sinkt der Kopf allein durch die Schwerkraft nach unten, so dass das Pferd die Muskeln im Unterhals nicht verkürzen muss, um ihn dort zu halten. Das Pferd zieht also das Kinn nicht aktiv ein, um die Nase kurz vor die Senkrechte zu bringen, sondern es lässt einfach aus dem Genick heraus »den Hals fallen«. Der Unterhals »verschwindet« deswegen mit der Zeit, denn die Muskeln dort werden in korrekter Dehnungshaltung wenig gebraucht.

Eine gedehnte Oberlinie mit entspanntem Genick und Maul ist die Arbeitsgrundlage für jede Art von Arbeit des Pferdes mit einem Reiter auf dem Rücken.

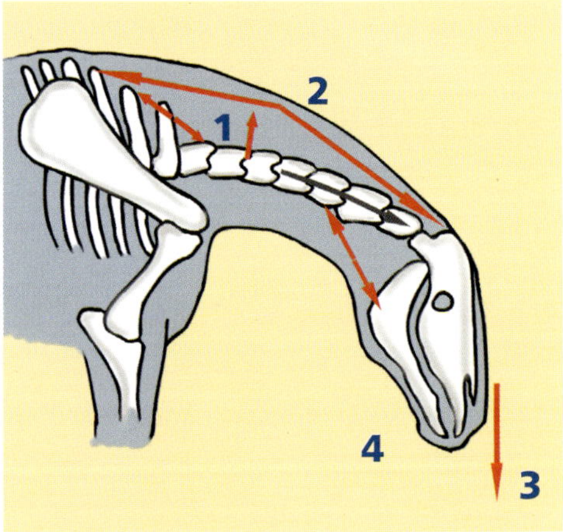

Die Arbeitsgrundlage für anatomisch richtige Ausbildung: Maximale Dehnung – maximale Länge der Wirbelsäule.
Oben die Spannungsrichtungen im Hals, unten die schematische Darstellung des Gesamteindrucks.
Foto ganz unten: Korrekte Dehnung ohne Hilfszügel an der Longe.

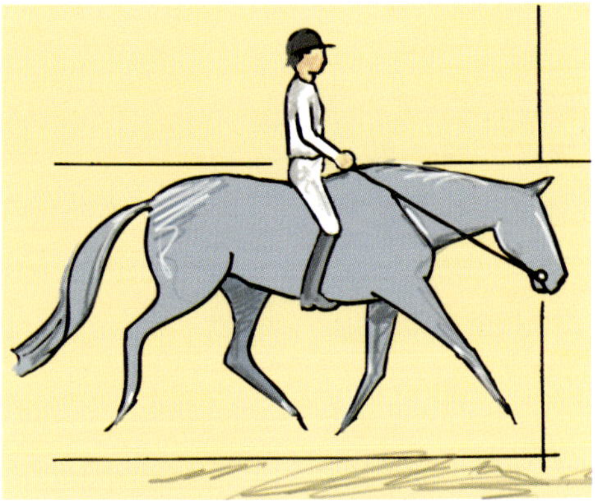

Den Hals nach vorwärts dehnen/längen, das Halsfundament anheben, den Raumgriff der Vorhand verbessern

Was passiert beim gedehnten Hals mit der Halswirbelsäule und dem Rücken des Pferdes?

Die Zeichnung links illustriert die Mechanismen. Durch die Dehnung nach vorne hebt sich das Halsfundament. Die Wirbelsäule entspannt und verlängert sich. Die kurzen Muskeln am Halsfundament (1) leisten Haltearbeit in der Dehnung, um den Kopf langsam zu senken.

Die langen Oberhalsmuskeln und das Nackenband werden nur gedehnt (2).

Das Genick ist nach wie vor entspannt, der Kopf hängt locker daran und die Nase sinkt durch die Schwerkraft nach unten (3). Der Kiefer des Pferdes ist entspannt und lose (4).

In dieser Haltung arbeiten nur die kurzen Muskeln im Oberhals zur Verlängerung des Halses. In dieser Verlängerung »öffnen« sich die Ganaschen. Die Unterhalsmuskeln sind »arbeitslos«. Alle Muskeln im Hals verändern ihre Länge und formen sich zu einem für ein Reitpferd zweckmäßigen Hals. Durch die Dehnung nach vorne und das angehobene Halsfundament wird die Schulter frei, die Vorderbeine können ungehindert nach vorne schwingen. Das Pferd gewinnt an »Bewegungsfreiheit«. Der Raumgriff verbessert sich.

falsch:Dieses Pferd dehnt sich noch nicht richtig, es lässt nur den Hals hängen.

Auch in der späteren Aufrichtung sollte das Pferd in den Ganaschen offen sein und in der Schulter frei. Der Hals darf sich nicht wieder verkürzen. Der Hals verändert seine relative Stellung zur Schulter in der Aufrichtung nur wenig. Das Pferd hebt stattdessen die Schulter und senkt die Hinterhand.

Zur Überprüfung einer richtigen Versammlungsarbeit muss die Dehnungshaltung immer wieder abgerufen werden können. Auch zur Belohnung des Pferdes nach anstrengender Arbeit tut sie gute Dienste. Ein richtig gerittenes Pferd wird sie oft sogar nach anstrengender Arbeit fordern – der Reiter braucht nur mit der Hand nachzugeben, muss jedoch dabei die Hinterhand aktiv halten.

Die Fresshaltung

Wenn das Pferd die Nase bis zum Boden dehnt, so ist das eine Haltung, die es in der Natur zum Grasen einnimmt, in der es also geraume Zeit verbringt. Die Muskeln am Halsfundament dehnen sich. Sie ziehen die Dornfortsätze des Widerristes nach vorn – was zu einer Dehnung des vorderen Rückens führt (Zeichng.S.82 oben,1). Die Wirbelsäule hat ihre maximale Länge in dieser Fresshaltung (2), wenn die Hinterhand nicht nach hinten herausgestellt wird.

Das Maul öffnet sich fast automatisch zum Fressen, weil der Muskel zwischen Unterkiefer und Halsmitte gedehnt wird (3). Die Nasenlinie ist immer noch vor der Senkrechten.

Überdehnt

Dehnung und Überdehnung

Wenn es heißt »den Hals verlängern«, gilt diese Verlängerung nur für die Muskulatur. Die Halswirbelsäule kann zwar ihre Stellung verändern, sie kann jedoch in sich selbst nicht länger oder kürzer werden.

Die Muskeln im Oberhals können sich dehnen; die des Unterhalses ebenfalls.
Das Nackenband mit seiner Haltefunktion kann sich in geringerem Maße auch dehnen, aber seine Dehnfähigkeit ist begrenzt. In der Ruhehaltung ist der Hals nahezu waagrecht, was die wenigste Arbeit in Muskulatur und Band erfordert. In der Fresshaltung hat das Nackenband seine größte Dehnfähigkeit erreicht. Die Halswirbel befinden sich in einer fast geraden Linie. Nackenband und Halswirbelsäule sind parallel. Die gesamte Oberlinie des Pferdes ist weitest möglich gedehnt.

Wenn es übertrieben wird mit der Dehnung ...

Die Fresshaltung ist die weitest mögliche natürliche Dehnung. Wer darüber hinaus meint, den Oberhals noch weiter dehnen zu müssen, richtet Schaden an, weil er den Hals damit wieder verkürzt.

Wenn die Nase hinter die Senkrechte gezogen wird, so wird das Nackenband überdehnt. Das Genick kommt noch weiter nach vorne und nach unten, das Band spannt sich vermehrt um den zweiten Halswirbel – und klemmt ihn ein.
Es entsteht Zug von unten und Widerstand von oben: Die Halswirbelsäule wird zusammengestaucht und verstärkt ihre von Natur aus vorhandene S-Form. Sie verbiegt sich unnatürlich.

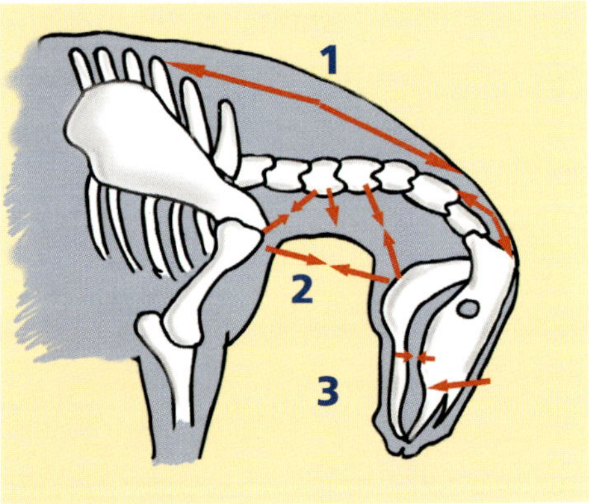

falsch: »hinter dem Zügel«, überdehnt.
oben: Spannungsrichtungen und Stellung der Halswirbelsäule. Der Kiefer des Pferdes muss gegen die Schwerkraft arbeiten, es beißt die Zähne zusammen. Die Halswirbelsäule verkrümmt sich.
unten: Schematische Zeichnung des Gesamteindrucks unter dem Reiter.
Das Foto ganz unten zeigt eine verbreitete, aber trotzdem falsche, Überdehnung.

Hinter der Senkrechten – »hinter dem Zügel« – überdehnt

Wie alles auf der Erde unterliegt das Pferd der Schwerkraft. Seine Muskeln arbeiten gegen die Schwerkraft, um es aufrecht zu halten. Lässt es einen »Halte-Muskel« los, dann sinkt der betreffende Körperteil senkrecht nach unten, so wie die Nase in der Fresshaltung.

Überdehnen Sie nun den Hals, indem Sie die Nase hinter die Senkrechte bringen, dann bringen Sie sich um die Früchte Ihrer Dehnungsarbeit. Um die Nase hinter die Senkrechte zu bringen, muss erneut gegen die Schwerkraft gearbeitet werden. Entweder Sie ziehen mit Ihrer Muskelkraft in den Armen die Nase nach hinten (und müssen dann den Kopf des Pferdes mehr oder weniger »tragen«) oder das Pferd verkürzt seine Unterhalsmuskeln und faltet sich praktisch zusammen, um sich aktiv Ihrer Zügeleinwirkung zu entziehen.

Beides erfordert Muskel-Arbeit – Ihre oder die des Pferdes – und sowohl die Entspannung im Hals ist dahin als auch die Möglichkeit einer leichten Zügelverbindung »am Gummiband« vertan.

In dieser Haltung ist der Spannungsbogen im gesamten Pferd unterbrochen. Die Energie aus der Hinterhand kommt nicht mehr »in der Hand des Reiters an«, kann also dort auch nicht kontrolliert und gelenkt werden.

Die Zeichnung Seite 84 oben verdeutlicht das: Oberhals und Genick sind zwar extrem gedehnt (1), die Muskeln im Unterhals ziehen sich jedoch stark zusammen. Sie ziehen das Halsfundament (2) herunter (richtigerweise wird es von den oberen Muskeln nach oben gezogen, »angehoben«) und den Kopf zurück (3). Die Unterhalslinie wird extrem kurz. Diese Stellung behindert die Schulterfreiheit des Pferdes in größerem Ausmaß. Der Unterkiefermuskel muss zudem wieder arbeiten, um das Maul geschlossen zu halten, denn die verkürzten Muskeln im Unterhals ziehen an ihm. Das bedeutet, das Pferd beißt die Zähne zusammen, das Maul ist nicht entspannt.

Das ganze nennt man Verspannung – mit all dem Rattenschwanz an unbequemen und schädlichen Auswirkungen.

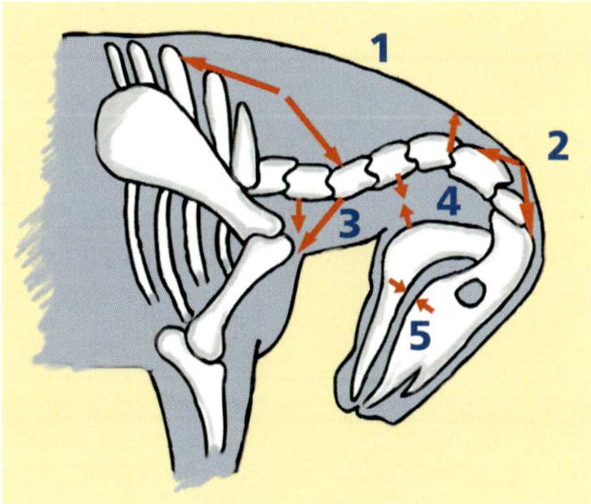

Der zusammengestauchte Hals – das »Überrollen«

Bei der Haltung hinter der Senkrechten gibt es verschieden schlimme Ausprägungen. Besonders schädlich fürs Pferd ist die eingerollte Haltung, wenn es sich fast in die eigene Brust beißt (Zeichnung oben).

Für den Reiter bedeutet es, dass jede feinere Zügeleinwirkung mehr oder weniger ins Leere läuft, weil das Pferd ihr ausweicht.

Der Oberhals ist in dieser eingerollten Haltung immer noch gedehnt (1).

Genick und 1.–3. Halswirbel sind überdehnt und stehen deswegen unter Spannung (2). Das Nackenband liegt mit zu starker Spannung über den ersten Wirbeln und drückt sie zusammen.

Die Unterhalsmuskeln sind extrem verkürzt (3). Das Pferd wird extrem eng in den Ganaschen. Kiefer und Maul sind angespannt (4+5).

Das zusammengezogene Pferd ist in Bewegungsfreiheit und Gesichtsfeld eingeschränkt. Der Reiter muss mit dem Zügel nach hinten ziehen, weil das Pferd der Zügelwirkung nach hinten-unten ausweicht.

Die Halswirbelsäule verbiegt sich in ein unnatürlich starkes S, knautscht sich praktisch zickzackförmig zusammen. Die Schulter ist völlig blockiert.

Nur im Genick überdehnt

Diese fehlerhafte Haltung ist nicht so gebräuchlich und auch nicht so leicht zu erkennen, wie der falsche Knick am 3. Halswirbel.

Der Bruch im Spannungsbogen liegt zwischen Schädel und 1. Halswirbel. Man erkennt das überdehnte Genick daran, dass hinter dem Genick eine kleine Aufwölbung entsteht. Die Nase ist oft leicht hinter der Senkrechten, kann aber sogar auch in der Senkrechten stehen.

Diese Haltung entsteht oft aus dem Überrollen, wenn der Reiter versucht, ein im Hals überdehntes Pferd wieder »hoch zu holen«.

Das Schädliche daran ist, dass die kleinen Muskeln im Genickbereich ständig unter Spannung stehen, also verspannt sind. Deswegen wird sich das Pferd nicht zufrieden ans Gebiss herandehnen (das Maul ist verspannt). Die Kommunikation mit der Reiterhand ist gestört.

Haltung und Balance – die Gefährlichkeit einer »Rollkur«

Überrollt sich das Pferd soweit, dass es »sich in die Brust beißt«, so knautscht es seine Halswirbelsäule extrem zusammen (siehe Zeichnung Seite 85).

Die Muskeln in Oberhals und Unterhals arbeiten gegeneinander.

Die Schulterfreiheit ist gleich Null, die Balance des Pferdes unter dem Reiter völlig gestört, denn der Hals steht nicht mehr zum Ausbalancieren zur Verfügung.

Da zudem das Gleichgewichtsorgan im Ohr des Pferdes sitzt, kann auch aus diesem Grund in der unnatürlich zusammengezogenen Haltung die Balance nicht gut funktionieren; zu allem Überfluss ist in der überrollten Haltung das Gesichtsfeld des Pferdes nach vorne stark eingeschränkt. Es kann nicht weit genug vorausschauen.

Pferde mit »Selbsterhaltungstrieb« wehren sich gegen eine solche Haltung, was ihnen dann als Ungehorsam oder Sturheit ausgelegt wird.

Verschiedene Ausprägungen der fehlerhaften Überdehnung im Genick. Allen gemeinsam ist die Verkürzung des Halses in der Aufrichtung.

3.3 Die Funktion der Hinterhand als Motor der Bewegung

Den Rücken anheben durch aktive Hinterhand

Die einzigen Muskeln, die den Rücken anheben können, sind die starken »Bewegungs-Muskeln« in Hüfte und Hinterhand des Pferdes (sie winkeln die Hanken und kippen das Becken des Pferdes – indirekte Wirkung) sowie die Bauchmuskeln (sie verkürzen sich aktiv und ziehen die Hinterbeine nach vorne – direkte Wirkung). Das bedeutet: Nur mit korrekter Hinterhandarbeit kann der Rücken tragfähig und frei werden (siehe Zeichnung unten).

Die funktionell richtige Haltung des Halses und eine freie Schulter sind allein das Ergebnis einer guten Hinterhandarbeit mit weit vorschwingenden Hinterbeinen.

Die richtige Arbeit der Bauchmuskeln erkennt man an einer ausreichenden Rumpftiefe des Pferdes. Und daran, dass das Pferd unter dem Bauch (an der Flanke vor dem Knie) schwitzt.

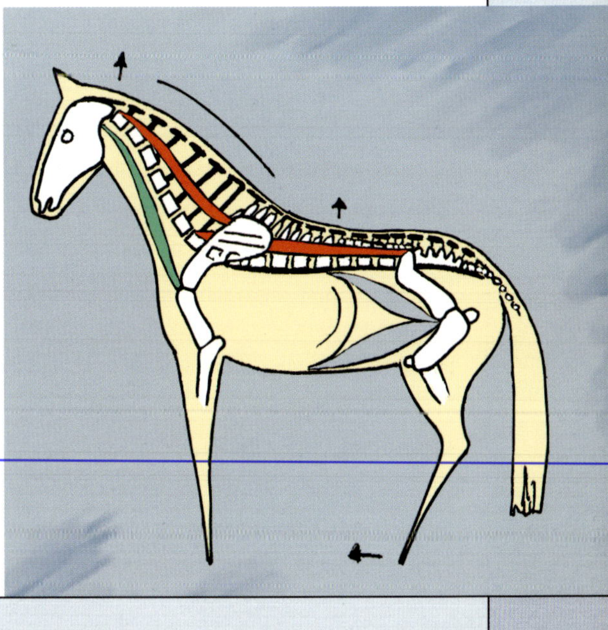

Untertreten der Hinterhand im flotten Trab. (Das Pferd könnte im Hals etwas freier sein.)

Die Hinterhand tritt in der Piaffe weniger weit unter; sie »faltet« sich zusammen.

Das Untertreten der Hinterhand und die Versammlung

Die Hinterhand soll möglichst weit vortreten, um den Rücken anzuheben und möglichst viel Gewicht des Reiter-Pferd-Paares aufnehmen. Sie soll im Verlauf der Ausbildung »tragfähiger« werden (durch stärkere Winkelung der Hanken – Hüfte + Knie + Sprunggelenk), aber auch ihre Schubkraft nicht einbüßen. Das funktioniert dann, wenn sie in allen Gelenken möglichst beweglich und losgelassen ist, wenn die zwei Gegenspieler der Bewegungsmuskeln in der Hinterhand gleichmäßig gut arbeiten, sich gleich gut dehnen und verkürzen können.

Steife Gelenke, aber auch ein festgehaltener Rücken (vor allem im Kreuz-Darmbein-Bereich) verhindern sowohl die Hankenbeugung als auch das weite Vortreten der Hinterbeine.

Langsamer Muskelaufbau

Für die Beugung in den Gelenken sind die Muskeln zuständig. Überlastete Muskeln übersäuern und werden steif. Deswegen ist es nötig, die Muskulatur langsam aufzubauen und zu warten, bis das Pferd für eine vermehrte Beugung in den Gelenken, für eine Versammlung, bereit ist.

Muskulatur wird über Veränderung trainiert, über den rhythmischen Wechsel von Spannung und Entspannung. Leider wird der Entspannung der Muskulatur in der Ausbildung nicht die gleiche Bedeutung beigemessen, wie der Anspannung. Dabei ist die Entspannung eher wichtiger als die Spannung – da gibt es keinen Unterschied zum Sitz des Reiters: auch bei diesem ist die Entspannung – die relative Losgelassenheit – wichtiger und schwieriger zu erreichen.

Das Reiten vieler Tempo- und Gangartenunterschiede, das dauernde Verändern der Haltung des Pferdes von der Dehnungshaltung bis hin zur Versammlung und viele Schrittpausen für die Entspannung helfen bei der richtigen Entwicklung der Hinterhandmuskulatur.

Das Vortreten und die Hankenbeugung

Erstaunlicherweise tritt das Pferd im Trab in den verschiedenen Ausprägungen von Arbeitstrab bis

Optimale Beweglichkeit in alle Richtungen bei kleiner Stützbasis und instabilem Gleichgewicht (hier in der Galopp-Pirouette).

Optimaler »Geradeauslauf« im schnellen Galopp, jedoch Beschränkung der Möglichkeiten des Richtungwechsels und der Temporeduzierung.

zum starken Trab ähnlich weit vor, in der Piaffe und Passage jedoch eher weniger weit.

Das hat etwas mit dem Gleichgewicht und der Unterstützungsbasis zu tun.

Zur Verdeutlichung zuerst der Bewegungsablauf im Arbeitstrab:

Das diagonale Beinpaar drückt ab, tritt weit vor und setzt gleichzeitig auf, um das Gewicht des Pferdes wieder zu stützen und abzufangen. Durch den Vorwärtsimpuls – das Tempo – des Pferdes gleitet nun der Rumpf über diese Stütze nach vorne weiter, rollt praktisch über die Beine hinweg. Die Stützfunktion ist am stärksten, wenn die Beine senkrecht stehen. Danach wird sie wieder schwächer und das zweite Beinpaar macht sich bereit, einen neuen Vorwärtsimpuls durch Abdrücken zu geben.

In der Piaffe gibt es fast keinen Vorwärtsimpuls – die Bewegung zielt nach oben. Die Beine drücken nicht nach vorne ab.

Wie der Mensch, der auf der Stelle hüpft, kann das Pferd nur mehr »Schnellkraft« nach oben entwickeln, wenn es seine Gelenke stärker winkelt (die Hanken beugt). Durch die Hankenbeugung senkt sich die Kruppe; dadurch kommt die Stützbasis der Hinterbeine nur wenig näher an die Vorderbeine. Das Pferd sieht zwar kürzer aus, doch die Hinterbeine treten nicht stark vor, sondern »falten« sich nur in den Gelenken zusammen.

Stabilität und Beweglichkeit des Pferdes in verschiedenen Haltungen

Stützbasis und Bewegungsdynamik

Eine breite Stützbasis mit weit voneinander entfernt aufgesetzten Hufen sowie eine langsame Bewegung mit möglichst vielen Hufen am Boden gibt dem Pferd die größte Stabilität. Sein Gleichgewicht ist besonders stabil im Halten (Null Dynamik, alle 4 Beine am Boden) und im Schritt (wenig Dynamik, meistens 3 Hufe am Boden).

Der hoch angesetzte Hals der Friesen sieht zwar schön aus, birgt aber verstärkt die Gefahr, dass die Nase hinter die Senkrechte kommt. Das gilt auch für viele spanische Pferde (siehe unten).

Ein relativ gutes Gleichgewicht hat das Pferd aber auch in sehr schnellen Bewegungen mit großer Dynamik, im flotten Trab und im schnellen Galopp (zumindest ohne Reiter). In diesen Bewegungen setzt es seine Beine weit voneinander entfernt (breite Stützbasis) und schnell aufeinander folgend auf. Der Hals dient als Balancierstange. Durch schnelles Auffußen bekommt es rasch neue stützende Impulse.

Hohes Tempo gibt zwar eine gewisse Stabilität, ist jedoch nicht so leicht abzufangen (zurückzunehmen). Richtungsänderungen und rasante Manöver sind schlecht möglich – es geht erst einmal nur vorwärts (vergl. Rennpferde).

Unter dem Reiter kann diese Bewegungsdynamik in flottem Tempo problematisch werden, wenn das Pferd noch nicht mit dem Zusatzgewicht ausbalanciert ist. Es lässt sich nicht im Tempo zurücknehmen, weil es nicht gelernt hat, wie es verzögern soll, ohne das Gleichgewicht zu verlie-

Der extreme Hals mancher Spanier ist sehr spektakulär, bringt jedoch auch oft Probleme, da die Hinterhand im Verhältnis zum Hals zu schwach ist.

Trotz seines eher schwerfällig wirkenden Äußeren ist dieser Haflinger durch systematische und richtige Ausbildung sehr beweglich. Hier ist deutlich die Funktion des Halses als Balancierstange zu sehen.

ren. Es wird kopflastig und sucht eine Stütze in der Reiterhand.

Deswegen sollen junge Pferde möglichst langsam in kontrolliertem Tempo geritten werden, bis sie gelernt haben, auf Paraden zu reagieren – also die Hinterbeine unterzuschieben und das Abfußen zu verzögern.

Das Reitpferd (egal ob western gerittenes Arbeitspferd oder dressurmäßig gerittenes Sportpferd) soll im Verlauf der Ausbildung lernen, seine Stützbasis zu verringern, um präzise auf Signale des Reiters für Richtungs- und Tempoänderungen zu reagieren. Es gilt: je kleiner die Stützbasis, desto größer der Bewegungsspielraum. Aber auch: je kleiner die Stützbasis, desto höher die Gefahr des Gleichgewichtsverlustes. Die verkleinerte Stützbasis gipfelt in der Versammlung in Piaffe oder Levade.

Eine Verkleinerung der Stützbasis kann jedoch nur richtig erfolgen, wenn der Hals des Pferdes als Balancierstange erhalten bleibt (keine Verkürzung) und wenn das Pferd gelernt hat, auf Paraden mit einer stärkeren Winkelung in den Gelenken der Hinterhand (Hankenbeugung) und einer Verzögerung des Abfußens der Hinterbeine zu reagieren (siehe auch: Was passiert bei einer Parade). Das bedeutet im Prinzip, die Richtlinien Losgelassenheit und Durchlässigkeit der Ausbildungsskala in Vollendung erreicht zu haben.

Ein kompaktes Pferd ist leicht »zusammenzuhalten«.

Ein Senkrücken macht es besonders schwer, die Tragfähigkeit des Rückens sicherzustellen.

Ein kurzes kompaktes Pferd, wie dieses Camargue-Pferd kann gut versammelt werden.

Ein großrahmiges Pferd mit langem Rücken. Solche Pferde sind nicht leicht zu versammeln.

oben: Ein kurzer, gut bemuskelter Quarter-Horse-Hengst. Ein solches Pferd ist leicht mit minimalen Hilfen ins Gleichgewicht zu bringen. Das gleiche gilt für den Connemara-Wallach unten.

Der Friese links zeigt eine natürliche Aufrichtung auch in der freien Bewegung. Das prädestiniert ihn für die barocke Dressur, birgt jedoch auch die auf Seite 90 beschriebenen Probleme.

Verschiedene Pferdetypen haben beim Erreichen dieses Ziels allerdings sehr unterschiedliche Stärken und Schwächen, die ein guter Ausbilder während seiner Arbeit berücksichtigen muss.

Kapitel 4 Funktionskreise Reiter plus Pferd

Das Gesamtsystem Mensch-Pferd

4.1 Das innere Gleichgewicht von Pferd und Reiter

Der Umgang mit der Angst

Pferde und Menschen haben Angst. Das ist völlig natürlich und manchmal lebenswichtig, manchmal allerdings auch äußerst hinderlich. Angst schaltet des Öfteren das logische Denken des Menschen aus. Und Angst verführt das Pferd zu unkontrollierbaren (Flucht-)Reaktionen, die wiederum seinen Reiter in Panik versetzen können. Vor allem verhindert Angst die Losgelassenheit und innere Ruhe von Reiter und Pferd. Fehlende Losgelassenheit macht wiederum die im Verlauf der Ausbildung angestrebte Minimierung der Hilfen unmöglich. Pferd und Reiter können kein Vertrauen zueinander entwickeln und werden immer verkrampft auf den nächsten Angstauslöser warten, wenn beider Ängste nicht unter Kontrolle sind.

Klingt nach einem Teufelskreis? Kann auch einer sein, wenn nicht ganz bewusst und vor allem frühzeitig »gegengesteuert« wird. Damit wir etwas gegen die Angst tun können, müssen wir zuerst wissen, mit welchen Haupt-Ängsten wir es überhaupt zu tun haben.

Die Ängste von Reiter und Pferd sind sich sehr ähnlich, wie nebenstehender Kasten zeigt. Und der Teufelskreis aus Angst und Verkrampfung kann leicht in Gang gesetzt werden. Zu allem Überfluss verstärkt die Angst des Pferdes auch noch die des Reiters, wenn es z.B. zum Scheuen

Gelassenheit kann man trainieren, indem man das Pferd bewusst unterschiedlichsten »aufregenden« Situationen aussetzt; hier in einer Trailprüfung, in der die Teilnehmer an einem laufenden Traktor vorbeireiten müssen.

Ängste des Menschen:

Angst vor Verletzung (Bewegungsunfähigkeit) und schlimmstenfalls Tod

Angst vor dem Fallen, vor Kontroll- und Gleichgewichtsverlust

Angst vor sozialer Isolation und vor dem Verlust sozialer Anerkennung

Ängste des Pferdes:

Angst vor dem Gefressen-Werden, also auch vor dem Tod

Angst vor Bewegungs- d.h. Fluchtunfähigkeit und damit auch vor Gleichgewichtsverlust

Angst vor unübersichtlichem Gelände und engen Räumen

Angst vor sozialer Isolation

Angstbewältigung – hier bei einer Feuerwehrübung am Stall. Eine gute Gelegenheit, die Pferde ungewöhnlichen Situationen auszusetzen.

Plastikplanen – vor allem, wenn sie im Wind flattern – stellen so manchen Reiter im Gelände vor ein Problem. Das gezielte Training mit solchen Angstauslösern schafft Sicherheit.

und Durchgehen neigt. Und die Angst des Reiters verstärkt die des Pferdes, wenn dieser ständig auf den nächsten Seitensprung des Pferdes »wartet« und ihm dauernd durch einen aus Angst vor Kontrollverlust und vor dem Herunterfallen verspannten Sitz zeigt, dass er sich unsicher fühlt. Was aber soll das Pferd von einem Reiter halten, der ihm dauernd »Gefahr« signalisiert. Der Reiter als Alphatier muss Sicherheit und Ruhe vermitteln. Kann er das nicht, so fühlt sich das Pferd schutzlos und allein gelassen und sucht sein Heil bei nächster Gelegenheit in der Flucht.

Gegenseitiges Vertrauen entwickeln durch Angstbewältigungsprogramme

Der Weg aus diesem Kreislauf heißt »Vertrauensaufbau und Angstbewältigung bei der Bodenarbeit«.

Dabei bezieht sich Vertrauensaufbau sowohl auf das Vertrauen des Menschen zum Pferd als auch auf das Vertrauen des Pferdes zum Menschen.

Am Boden muss der Reiter keine Angst vor dem Herunterfallen haben und die Angst vor dem Verlust der Kontrolle über die Situation bzw. das Pferd hält sich meist in Grenzen.

Zwar gibt es auch bei der Bodenarbeit brenzlige Situationen mit ungezogenen oder aggressiven Pferden, doch mit solchen problematischen Pferden sollte sich ein ängstlicher Reiter nicht abgeben, sondern sich einen erfahrenen Pferdemenschen zur Hilfe holen. Andernfalls verschlimmert sich die Angst vor der scheinbaren »Unberechenbarkeit« des Pferdes, statt sich zu verringern.

Am Boden kann der Mensch inneres und äußeres Gleichgewicht besser erreichen bzw. erhalten, weil er nicht um seine Balance auf dem Pferderücken fürchten muss. Die Angst vor dem Gleichgewichtsverlust ist kaum vorhanden, da der Mensch – meistens – mit beiden Beinen fest auf dem Boden steht. Somit kann er viel souveräner agieren als auf dem Pferderücken.

Diese Souveränität macht Eindruck auf das Pferd. Sicheres, ruhiges Auftreten des Menschen und klare Forderungen, die konsequent durchgesetzt werden, signalisieren dem Pferd: Das ist ein Leittier. Er sorgt für meine Sicherheit, ihm muss ich gehorchen. Wenn der gleiche Mensch später auf diesem Pferd reitet, wird es ihm das gleiche Vertrauen entgegenbringen wie am Boden; er kann es dann auch vom Sattel aus kontrollieren.

Auch das (junge) Pferd hat bei der Boden- und Longenarbeit weniger Angst vor dem Gleichgewichtsverlust als unter dem Sattel. Es kann Vertrauen zum Menschen fassen. Es kann die Bedeutung einiger »Vokabeln« aus der menschlichen Sprache verstehen lernen. Und es gewöhnt sich an diverse Hilfsmittel wie Gerte, Peitsche, Seil, Longe etc. als Signalverstärker.

Das Vertrauen des Pferdes nicht missbrauchen

Wichtig ist bei allen Übungen der Boden- und Longenarbeit, insbesondere bei stark mit Angst besetzten Lektionen, dass der Mensch das aufkeimende Vertrauen des Pferdes nicht – bewusst oder unbewusst – missbraucht.

Fordern Sie nichts vom Pferd, was es noch nicht leisten kann, sondern fangen Sie mit »Kleinigkeiten« an und steigern Sie die Anforderungen langsam. Schon beim Führen können sie dem Pferd klarmachen, dass es Sie nicht überholen oder gar anrempeln darf. Es muss stehen bleiben, wenn Sie stehen bleiben, später auch rückwärts gehen, wenn Sie rückwärts gehen oder Ihnen zur Seite ausweichen. Kurz, es muss Ihnen ausweichen und Abstand halten, weil das ein rangniederes Pferd auch tun müsste. Können Sie das Pferd vorwärts, rückwärts und seitwärts sicher

Flattertore sind beliebte Trailhindernisse.

steuern, dann haben Sie es grundsätzlich unter Kontrolle und können sich an Angst besetzte Übungen wagen. Führen oder schicken Sie das Pferd über Plastikplanen, durch Luftballons, Labyrinthe, unter Flatterbändern durch oder über Brücken und Wippen.

Bringen Sie dabei das Pferd, sich selbst oder unbeteiligte Zuschauer nicht durch unbedachte Handlungen in Gefahr. Sorgen Sie dafür, dass das Pferd sich nicht an vorstehenden Haken, Stacheldraht oder sonstigen Dingen verletzen kann. Achten Sie auch bei sich selbst auf einige Sicherheitsmaßnahmen: Schuhe mit Stahlkappen oder Handschuhe beispielsweise. Sehen Sie zu, dass niemand »im Weg« steht, wenn Sie mit einem »Tanz« des Pferdes rechnen – auch Sie selbst nicht.

Stellen Sie dem Pferd schließlich eine Aufgabe und sorgen Sie dafür, dass es sie bewältigt (z.B. soll es über ein Brett am Boden laufen – später vielleicht über eine Brücke, Wippe oder die Hängerklappe). Bleiben Sie ruhig, auch wenn das

Wenn sich das Pferd mit einer ungewohnten Situation auseinander setzen muss, so fixiert es sie und kaut (verarbeitet die Eindrücke). Diese Reaktion muss man auch erreichen, wenn man als Mensch das Pferd zu Trainingszwecken Stress-Situationen aussetzt. Das Pferd darf sich der Situation nicht entziehen – auch nicht mental, indem es einfach nicht mehr hinschaut. Lassen Sie also nicht zu, dass es seine Aufmerksamkeit von der gestellten Forderung abzieht.

Pferd schnaubend, mit weit aufgerissenen Augen und allen Anzeichen großer Angst hektisch um Sie herumtanzt. Der Leithengst in der Herde lässt sich von einem solchen Herumgehopse auch nicht beeindrucken. Wo käme die Herde hin, wenn sich ein einzelnes Pferd weigert, durchs Wasser oder durch einen Hohlweg zu gehen und damit den einzigen Fluchtweg für die ganze Herde blockiert?

Vertrauen wird dadurch aufgebaut, dass das Pferd trotz Bedenken oder Angst eine Aufgabe des Menschen ausführt. Vertrauen – in die Autorität und damit die Schutzfunktion des Alphatieres Mensch – wird dagegen zerstört, wenn das Pferd seinen Kopf durchsetzt.

Sture Beharrlichkeit

Egal, ob das Pferd nun einfach keine Lust hat, das zu tun, was Sie von ihm wollen oder ob es wirklich fast vor Angst stirbt. Es muss die Aufgabe bewältigen – auch wenn es Stunden dauert. Gewalt und Prügel sind jedoch keinesfalls das richtige Mittel, Ihre Forderungen durchzusetzen. Stattdessen müssen Sie mit sturer Beharrlichkeit arbeiten. Machen Sie dem Pferd alle Wege unbequem, die es nicht einschlagen soll. Mit wiederholten Rucks am Halfter, mit einem kreisenden Seilende mit allem, was Ihnen als »Störer« einfällt. Es darf keine Ruhe haben, solange es sich nicht in die Richtung bewegt, die Sie von ihm fordern. Nur ein Schritt in die richtige Richtung wird mit »in Ruhe lassen« belohnt.

Aufmerksamkeit fixieren

Lassen Sie nicht zu, dass das Pferd die Aufmerksamkeit von der gestellten Aufgabe abzieht. Versuchen Sie zu vermeiden, dass sich das Pferd umdreht oder auch nur den Kopf wegdreht und damit den Blickkontakt mit dem Objekt seiner Angst oder seines Widerwillens vermeidet. Zwingen Sie es dazu, das verhasste Ding anzuschauen und sich damit auseinander zu setzen. Lassen Sie auf keinen Fall zu, dass es nebenbei ein Grashälmchen frisst, wenn es die Aufgabe nicht bewältigt hat bzw. nicht mindestens signalisiert »ich versuche es«. Steht es z.B. mit einem Fuß auf dem Brett oder der Hängerklappe, so können Sie es durchaus auch mal mit einem Leckerli belohnen, statt nur mit Stimme und In-Ruhe-Lassen. Das Leckerli darf jedoch nicht die treibende Kraft werden, denn im Ernstfall inter-

Richtiger Vertrauensaufbau

Vertrauen wird aufgebaut mit konsequenter Durchsetzung einmal gestellter (sinnvoller) Forderungen an das Pferd.

Verlangen Sie nie etwas vom Pferd, was es aufgrund seines Trainingszustandes noch nicht kann.
Und nie etwas, von dem Sie nicht sicher sind, dass Sie es auch durchsetzen können.

essiert sich das Pferd nicht mehr für das Futter. Prinzipiell müssen Sie sich bei Auseinandersetzungen mit dem Pferd gleich welcher Art über Folgendes im Klaren sein: Sie können ein Pferd, das nicht will, nicht mit Futter irgendwohin locken. Sie können es nur »überzeugen«, indem Sie ihm klarmachen, dass der bequemste Weg der ist, den Sie »vorschlagen«. Und dazu müssen Sie dem Pferd alle anderen Wege so unbequem machen, es solange nerven, dass es irgendwann aufgibt und nur noch seine Ruhe haben will.

Arbeiten Sie bei solchen Übungen allein mit dem Pferd und schicken Sie wohlmeinende Ratgeber höflich, aber bestimmt weg. Das Pferd soll nicht von 5 Helfern in irgendeine Richtung geschoben werden (z.B. in den Hänger), sondern es soll lernen, dass Ihre Forderung, die Forderung des »Herdenchefs«, verbindlich ist. Alle späteren Forderungen wird es dann immer weniger in Frage stellen und in immer kürzerer Zeit erfüllen.

Solche die Fronten klärenden »Erziehungsübungen« sind oft mit Stress für Mensch und Pferd verbunden. Sie als Ausbilder sollten jedoch möglichst nicht nervös und hektisch werden. Das Pferd darf sich aufregen, so lange es will, wird jedoch in den meisten Fällen spätestens mit der gewünschten Ausführung der Aufgabe ruhig werden. Es hat Angst und Widerstände überwunden und lässt »die Luft raus«. Wie der Mensch, der mit einem flauen Gefühl im Magen eine spannende Aufgabe gelöst hat, wird das Pferd nach Bewältigung der Aufgabe einmal tief durchschnaufen und sich entspannen.

Die Fronten klären – ein Ende mit dem Stress statt Stress ohne Ende

»Ich will mein Pferd nicht unnötig in Angst versetzen oder aufregen, es nicht stressen«. Diese Einstellung ist hinsichtlich der Ausbildung des Pferdes zu einem zuverlässigen Partner absolut kontraproduktiv – und außerdem gefährlich. Jedes Pferd wird früher oder später an irgendeinem Punkt der Ausbildung signalisieren »bis hierher und nicht weiter«. Wenn Sie diesen Punkt nicht überwinden können, brauchen Sie überhaupt nicht mehr weiter machen. Das Pferd hat einmal eine Forderung von Ihnen in Frage gestellt und »gelernt«, dass es seinen Willen durchsetzen kann. Auch wenn das Pferd aus Angst eine Forderung des Menschen ignoriert, muss sie durchgesetzt werden. Den Herdenchef interessiert es nicht, ob das Pferd, das sich seiner Forderung widersetzt, Angst hat oder nicht. Es gibt massiven Ärger, wenn es nicht reagiert.

Positiver und negativer Stress – Vertrauensaufbau statt Vertrauensverlust

Die klassischem Angstbewältigungsprogramme am Boden arbeiten alle nach dem Muster: »aufregen lassen und wieder ruhig werden lassen«. Der Ausbilder erzeugt bewusst Stress (stellt eine mit Angst besetzte oder dem Pferd unangeneh-

Bei den Erziehungsmaßnahmen macht es nichts, wenn sich das Pferd während der Übung aufregt (das Bild zeigt die Alarmhaltung) – es muss nur nach dem Ende der Übung wieder ruhig sein.

me, unbequeme Aufgabe) und sorgt dann dafür, dass sich das Pferd wieder beruhigt. Es darf sich aufregen und hektisch herumhopsen, allerdings nicht den Menschen – das Alphatier – anrempeln. Es muss lernen, dass alle Forderungen, die der Ausbilder stellt, machbar und ungefährlich für Leib und Leben sind.

Geschafft!

Nach »getaner Arbeit« beruhigt sich das Pferd wieder und bekommt mit der Zeit immer mehr Vertrauen in die Anweisungen des Ausbilders. Nach dem Motto: Er weiß was er tut und er bringt mich nicht in Gefahr. Damit hat der bewusst erzeugte Stress eine positive Wirkung, die Vertrauen aufbaut. Das Pferd entwickelt dabei sowohl stärkeres Vertrauen zum Menschen als auch in die eigenen Fähigkeiten. Etwas »geschafft« zu haben, was man nicht für möglich hielt, fördert das Selbstvertrauen; das gilt für Menschen wie für Pferde gleichermaßen.

Gelingt es dem Ausbilder allerdings nicht, das Pferd am Ende der Übung wieder ruhig werden zu lassen, so bleibt eine negative Wirkung übrig: Das Pferd verbindet die Arbeit mit dem Menschen mit einem negativen Gefühl – mit dauerhafter nervöser Anspannung. Das gilt für Übungen am Boden genauso wie für die Arbeit unter dem Sattel.

Verbesserungen durch kurzfristigen Stress – eine Reaktion mit allen Mitteln fordern

Nicht nur beim Umgang mit der Angst ist bewusst erzeugter Stress notwendig, sondern auch in vielen anderen Situationen. Wenn Sie eine Reaktion vom Pferd haben wollen, dann sorgen Sie dafür, dass Sie diese auch bekommen. Setzen Sie dafür alle Ihnen zur Verfügung stehenden Mittel ein – auch bewusst erzeugten Stress.

Das Pferd soll beispielsweise an der Longe im Trab besser mit den Hinterbeinen unter treten.

Man kann Pferdebesitzer beobachten, die immer wieder ein und dieselbe Hilfenkombination benutzen, um eine Veränderung in der Trittlänge zu bewirken. Sie geben beispielsweise eine aufmunternde Stimmhilfe, wie »vorwärts«, unterstützen diese mit einem Anheben der Peitsche und ticken das innere Hinterbein evtl. leicht mit der Peitschenschnur an. Gut und richtig – für ein Pferd, was auf diese leichten Hilfen zu reagieren gelernt hat und dem die Reaktion darauf leicht fällt. So manchem Pferd fällt das Untertreten jedoch (noch) schwer und es wird versuchen, sich davor zu drücken. Das kann es recht einfach

Angstbewältigung

Das Pferd darf sich während der Übung aufregen und wild herumspringen. Es muss jedoch nach absolvierter Übung wieder ruhig sein.

tun, wenn es die Signale des Longenführers ignoriert. Das Pferd läuft weiter im gleichen Trott, »stellt sich taub« und kümmert sich nicht um das, was der Mensch in der Mitte macht.

Nun sind Führungsqualitäten gefordert. Das »Leittier« will etwas vom Pferd und das Pferd ignoriert seine bis dato verwendeten Hilfen. O.K. – ein Versuch mit der gleichen Kombination ist noch drin. Wird der auch ignoriert, so muss der Mensch sich etwas anderes einfallen lassen. Zum Beispiel durch eine lautere Stimmhilfe und/oder ein stärkeres Anticken am inneren Hinterbein. Das sollte oft schon genügen. Er kann aber auch das Pferd weiter in den Zirkel hereinholen und das innere Hinterbein direkter mit dem Peitschenende heranholen. Wichtig ist, dass er dem Pferd klar macht, dass er nicht ignoriert werden will.

Wenn das Pferd nun z.B. angaloppiert, weil es sich dem Untertreten im Trab weiterhin entziehen will, so hat man zwar eine Reaktion bekommen, aber nicht die erwünschte. Das Pferd wird in dieser Situation auf keinen Fall gestraft, denn es hat schließlich eine Reaktion gezeigt und das ist besser als nichts. Es wird wieder in den Trab zurückgeholt und die Prozedur geht von Neuem los. Nun kann es sein, dass sich das Pferd dabei aufregt. Es steht unter Stress, weil es etwas ihm Unangenehmes tun soll (was jedoch für seine weitere Ausbildung als Reitpferd unbedingt nötig

Damit sinnvolle Longenarbeit möglich ist, muss das Pferd wissen, dass die Anweisungen des Menschen verbindlich sind.

ist). Machen Sie sich nichts daraus, wenn das Pferd sich in Aufregung hineinsteigert und wild um Sie herumgaloppiert. Bleiben Sie ruhig und warten Sie, bis das Pferd wieder in den Trab fällt. Dann fordern Sie wieder ein Vortreten der Hinterbeine.

Wichtig bei obigem Beispiel:

Fordern Sie nichts, was dem Pferd aufgrund seiner Konstitution oder seines Ausbildungs- bzw. Gesundheitszustandes nicht möglich ist!

Hat ein Pferd z.B. Spat, so braucht es eine Einlaufphase, bis die Hinterhand schmerzfrei aktiv unter treten kann.

Kennt es bestimmte Hilfen nicht, oder ist nicht an die Longierpeitsche gewöhnt, so kann es nicht »richtig« reagieren.

Hat es nicht gelernt, dass der Mensch seine Forderungen immer ernst meint, so wird es viele Möglichkeiten finden, sich zu drücken. Manche

Pferde verstecken sich tatsächlich hinter einer Fassade aus hysterischem Getue, weil sie wissen, dass sie damit Forderungen aus dem Weg gehen können.

All diese Aspekte muss ein Ausbilder einschätzen können, um wirklich sinnvoll zu agieren.

Mit einem kleinen Erfolg aufhören

Sobald das Pferd auch nur ansatzweise seine Hinterbeine im Trab weiter vorsetzt, wird es gelobt und zufrieden gelassen. Sie können mit einem solchen kleinen Anfangserfolg beim ersten Mal aufhören und das Pferd auf die Koppel oder in den Stall entlassen. Das Pferd lernt, dass es sofort in Ruhe gelassen wird, wenn es sich ein wenig anstrengt, die Wünsche des Longenführers zu erfüllen statt sich davor zu drücken – und mit der Zeit ist ihm das Untertreten auch gar nicht mehr so unangenehm, weil es durch solche Arbeit besser gymnastiziert ist.

Und die Moral von der Geschicht'?

Erhöhte Anforderungen können Stress erzeugen, sind jedoch nötig, um eine Verbesserung des Status quo zu erzielen.

Wichtig für positiv nachwirkende Stress-Situationen ist, dass das Pferd sich hinterher beruhigt und dass es die »richtigen« Schlüsse aus den Übungen und Korrekturen durch den Ausbilder zieht.

4.2 Das gemeinsame dynamische (äußere) Gleichgewicht

Das Pferd muss lernen, das Reitergewicht so zu tragen, dass seine volle Beweglichkeit erhalten bleibt. Überlastungsschäden an bestimmten Körperteilen durch »Kompensationsbewegungen« und falsch ausgeprägte Muskulatur sollen vermieden werden. Aus diesen Gründen muss es sich unter dem Reiter neu ausbalancieren, seinen Körper neu organisieren. Seine Haltung, die ohne zusätzliches Gewicht zweckmäßig (funktionell) ist, muss unter dem Reiter so korrigiert werden, dass sie auch mit Reitergewicht ihren Zweck erfüllt, nämlich die größtmögliche Bewegungsfreiheit bei minimalem Aufwand an Kraft und Energie (siehe Funktionskreise Pferd, ab S.71).

Pferd und Reiterin im Gleichgewicht. Blickrichtung und Ausrichtung von Reiter- und Pferdekörper stimmen überein. Der etwas weiter hinten angelegte Schenkel führt zu einer kurzfristigen Spannungsverstärkung im gesamten Körper der Reiterin.

Das bedeutet im Einzelnen:

a. Der Rücken des Pferdes muss gestärkt werden, so dass er nicht unter dem Gewicht des Reiters

Pferd und Reiter im Gleichgewicht – in einer Galopp-Pirouette. Der etwas abgespreizte Ellbogen führt jedoch zu erhöhter Grundspannung in Schulter und Oberkörper des Reiters.

Pferd und Reiterin im Gleichgewicht – mit starker Stellung im Schulterherein. Der Sitz der Reiterin ist nach außen ausgerichtet (Belastung des äußeren Gesäßknochens). Das Pferd geht im Schulterherein »gebogen geradeaus«.

durchhängt oder festgehalten wird, d.h. sich verspannt.

Eines der ersten Ziele der Ausbildung ist die Losgelassenheit, das freie Schwingen des Pferderückens.

b. Die Hinterhand des Pferdes muss gut unter den gemeinsamen Schwerpunkt von Reiter und Pferd treten:

- um die von Natur weniger tragkräftige Vorhand zu entlasten, die durch die Position des Reiters nah am Widerrist zusätzlich belastet wird, um eine freie Beweglichkeit der Schulter und der Vorhand zu ermöglichen,
- um den Rücken des Pferdes »anzuheben«,
- damit das Pferd schneller und präziser auf Gewichtsverlagerungen des Reiters reagieren kann (= Hilfenminimierung).

Der Reiter muss lernen, so zu sitzen, dass sowohl seine als auch die Bewegungen des Pferdes nicht behindert werden. Dazu braucht er eine zweckmäßige Haltung – die Aufrichtung im Oberkörper – die das freie Hin- und Herschwingen der Wirbelsäule ermöglicht und zudem Arme und Beine frei beweglich erhält, um unabhängig vom Sitz mit den Gliedmaßen einzuwirken (siehe Funktionskreise Reiter).

Zu wenig Spannung im Pferd: Das Pferd ist trotz des aufgerichteten Halses auseinandergefallen und lässt Rücken und Hinterhand hängen – in dieser Phase des Galopps besonders deutlich zu sehen.

Ausreichende Spannung im Pferd: Das gleiche Pferd mit aktiver Hinterhand und deutlicher »Bergauf-Tendenz«. Die Galopp-Phase bedingt den vorgeneigten Sitz der Reiterin.

Das bedeutet im Einzelnen:

- a. Er muss seinen Schwerpunkt in Übereinstimmung mit dem des Pferdes bringen bzw. dafür sorgen, dass das Pferd seinen Schwerpunkt unter den des Reiters bringt.
- b. Er darf die Beweglichkeit seiner eigenen Wirbelsäule nicht blockieren (Die Losgelassenheit des Reiters).

4.2.1 Die Spannung im System Pferd plus Reiter

Jede Bewegung braucht Muskelanspannung, um überhaupt »in Gang gesetzt« zu werden. Sowohl Pferd als auch Reiter brauchen deswegen eine jeweils eigene Spannung für ihre Bewegung. Dass die Spannung, die eine Bewegung in Gang setzt und am Laufen erhält, nicht statisch sein kann, sondern eine dynamische »Wechselspannung« sein muss, liegt auf der Hand. Für jede Bewegung gibt es zwei muskuläre Gegenspieler – einen Muskel, der sich zusammenzieht und einen, der sich dehnen muss. Diese beiden sollten gleich stark sein und sich gleich gut dehnen lassen. Andernfalls entsteht ein Ungleichgewicht im muskulären System. Wenn der Armstrecker z.B. stärker ausgeprägt ist als der Armbeuger, so neigt der Reiter dazu, mit gestrecktem Arm und heruntergedrückter Hand zu reiten und blockiert so seine Schulter und damit die freie Beweglichkeit der Wirbelsäule und des Beckens gleich mit.

Eine statische Muskelspannung ohne direkte Bewegungsabsicht, wie z.B. bei isometrischen Übungen, ist für eine Bewegung nicht relevant, für ein Bewegungssystem mit zwei Partnern erst recht nicht. Übungen aus der Isometrie und aus

Ausreichende Spannung im Sitz der Reiterin: Das Bild zeigt einen Zirkel auf der linken Hand – deswegen die Kopfdrehung nach links und die links herausgeführte Hand.

Unterbrochene Spannung (zusammengefallen): Das Herunterschauen durchbricht die Aufrichtungsspannung im Oberkörper und setzt die Reiterin auch seitlich schief.

dem Bereich »progressive Muskelentspannung« können jedoch dem Reiter helfen, sich eine möglicherweise zu hohe Grundspannung (Muskeltonus) in Teilen seines Körpers bewusst zu machen. Eine zu hohe Spannung in einem Teil des Körpers bzw. eine »großflächig« verspannte Muskulatur kann nämlich die Beweglichkeit des gesamten Körpers oder einzelner Teile an anderer Stelle beträchtlich einschränken. Denken Sie nur an die erwähnte »festgehaltene« Schulter, die sowohl die Beweglichkeit der Zügelhand als auch der Wirbelsäule des Reiters erheblich beeinträchtigen kann.

Eine gewisse Körper-Grundspannung – in Ruhe und in Bewegung – brauchen jedoch sowohl Reiter als auch Pferd, um überhaupt »in Haltung« zu bleiben und nicht zusammen- bzw. auseinander zu fallen.

Das »Zusammenfallen« bezieht sich dabei hauptsächlich auf den Oberkörper des Menschen, das »Auseinanderfallen« auf den Rücken des Pferdes.

Dehnungshaltung und Spannungsbogen beim Pferd

Das Pferd erhält seine Grundspannung über das Nacken-Rückenband, welches im gespannten Zustand an den Wirbeln nach (vorne-)oben »zieht«, den Rücken des Pferdes anhebt und so sein Durchhängen (und damit Kissing Spines) verhindert. Um das Nacken-Rückenband zu spannen, müssen vor allem die Bauch- und Lendenmuskeln des Pferdes arbeiten und der Hals des Pferdes muss vorwärts-abwärts gedehnt werden. Ziehen sich die Bauchmuskeln des Pferdes zusammen, tritt das Pferd mit den Hinterbeinen unter und das Band im Rücken wird gedehnt.

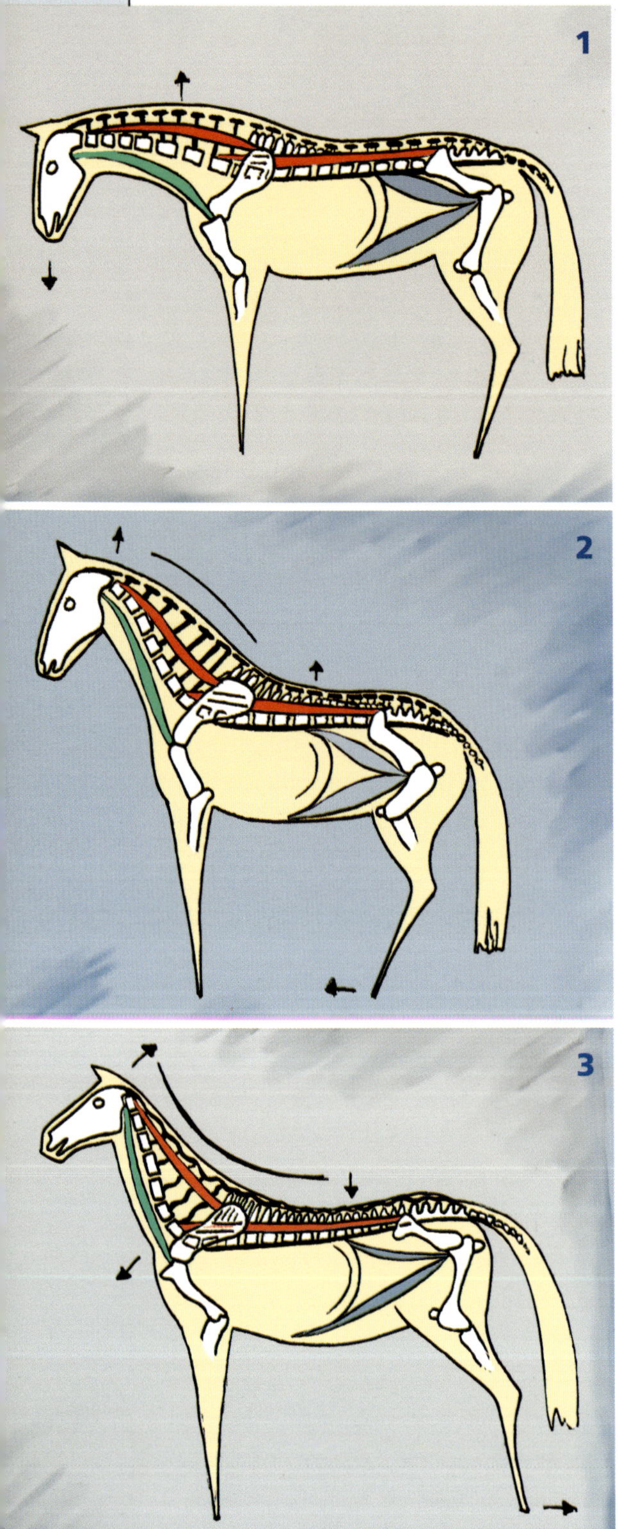

Senkt es nun noch Hals und Kopf, so dehnt sich auch das Nackenband. Die »Dehnungshaltung« ist erreicht. In der Dehnungshaltung ist die Gefahr für den Rücken des Pferdes durch das Reitergewicht gebannt. Die Wirbelbrücke im Rücken wird angehoben (vom Band nach oben gezogen) statt nach unten durchzusacken. Es entsteht ein »Spannungsbogen«, der sich zwischen Genick des Pferdes und Schweifwirbeln gleichmäßig wölbt. Wobei »gleichmäßig« sich auf die Gleichmäßigkeit der Spannung in allen Teilen der Wölbung bezieht, nicht auf die Wölbung selbst, die natürlich im Bereich des Widerristes anders aussieht, als im hinteren Rücken oder im Genick-Hals-Bereich.

Spannungsbogen
(1) Senken des Kopfes bei untergeschobener Hinterhand hebt den Rücken und das Halsfundament des Pferdes an (Dehnungshaltung).
(2) Tritt die Hinterhand noch weiter unter, hebt sich die Vorhand samt dem Hals. Das Pferd richtet sich auf, versammelt sich. Wichtig dabei ist, dass das Pferd die Spannung nicht in einem Bereich der Wirbelsäule unterbricht (siehe auch die Haltung des Pferdes – speziell Halswirbelsäule).
(3) Dieses Bild zeigt den nach unten durchfallenden Rücken, wenn die Spannung unterbrochen wird. Dabei spielt es keine Rolle, ob der Spannungsbogen in der Halswirbelsäule oder im Rückenbereich unterbrochen wird. Besonders anfällig für Fehlhaltungen und Spannungsbrüche sind Hals- und Kreuzdarmbeinbereich.
Ein Zuviel an Spannung in einem Wirbelsäulenbereich – z.B. ein festgehaltener Rücken – führt zu einem Zuwenig in anderen Bereichen und unterbricht den korrekten Spannungsbogen.

schwarz = Nacken-Rückenband und Wirbelsäulenband
rot = Riemenmuskel (Oberhals) und Rückenmuskel
grün = Kopf-Hals-Armmuskel (er zieht z.B. das Vorderbein aus der Schulter nach vorn (Schulterfreiheit)
blau = Bauchmuskeln (sie ziehen die Hinterbeine nach vorn)

(1) Korrekter Spannungsbogen ohne Aufrichtung
(2) Korrekter Spannungsbogen und gute Schulterfreiheit mit Aufrichtung
(3) Hinter dem Zügel – Bruch im Spannungsbogen im dritten Halswirbel – die Hinterhand schleift nach, der Rücken hängt durch
(4) Über dem Zügel (vergl. Alarmhaltung), blockierte Schulter, durchhängender Rücken, Bruch im Spannungsbogen im Bereich Widerrist und 7. Halswirbel
(5) Überrollt – blockierte Schulter, zusammengeknautschter Hals, Bruch im Bereich des 3. oder 4. Halswirbels

(Die nebenstehenden Zeichnungen sind leider nicht übertrieben dargestellt, sondern es handelt sich hier um Grafiken, deren Linienführung direkt von vorhandenen Fotos aus Trainings-und Turniersituationen abgepaust und nur leicht schematisch vereinfacht wurde).

1

2

3

4

5

Ein gleichmäßiger Spannungsbogen mit frei beweglichen Wirbeln (ohne Blockaden) und ein frei schwingender Rücken muss im Verlauf der Ausbildung des Pferdes immer wieder angestrebt werden; Spannungsstärke und Wölbung des Bogens werden jedoch mit zunehmender Versammlung und Aufrichtung des Pferdes stärker.

Wird der Spannungsbogen an einer Stelle unterbrochen, so bricht auch die Gesamtverspannung des Pferderückens zusammen. Das Pferd geht nicht »über den Rücken«.
Das Gleiche passiert auch, wenn an einer Stelle des Bogens die Spannung zu hoch ist. Eine Erhöhung der Spannung in einem Teil führt zu einen Nachlassen der Spannung in einem anderen Teil.
Spannungsbrüche und ungleichmäßige Spannung äußern sich zum Beispiel in folgenden gängigen Fehlern: Das Pferd hält den Rücken fest, geht über oder hinter dem Zügel, legt sich auf den Zügel oder schleppt die Hinterbeine hinterher, statt unter den Schwerpunkt zu treten.

Bruch im Spannungsbogen beim Pferd durch das Hochdrücken des Halses und in der Aufrichtung der Reiterin durch das Herunterschauen mit schräg geneigtem Kopf.

Die Folge ist: Die Bewegungsenergie aus dem »Motor« Hinterhand kommt nicht vorne an, sondern bleibt irgendwo stecken; das Pferd rennt oder klemmt in der Vorwärtsbewegung, lässt sich nicht biegen und vor allem den Reiter auch nicht sitzen.

(Näheres zu den verschiedenen Arten des Spannungsbogens und vor allem zur Bedeutung einer funktionell richtigen Hals- und Kopfhaltung des Pferdes im Kapitel »Funktionskreise Pferd«, Seite 93ff.)

Die Aufrichtung des Reiters im Oberkörper und die Beweglichkeit des Beckens

Der Reiter erhält seine nötige Grundspannung durch ein Aufrichten des Oberkörpers. Diese Aufrichtung macht die Wirbelsäule »frei« und ermöglicht das Aufnehmen der Rückenbewegungen des Pferdes. Nur, wenn die Wirbelsäule und damit auch der Beckenkamm des Reiters frei vor- und zurückschwingen können, bleiben die Gesäßknochen bei allen Auf- und Abbewegungen des Pferderückens am Sattel »kleben« und der Reiter wird nicht geworfen.

Die »Amplitude« der doppel-S-förmigen Wirbelsäule bewegt sich dabei zwischen leichtem Hohlkreuz und fast gerader Stellung. In der geraden Stellung ist die S-Form der Wirbelsäule fast verschwunden, im Hohlkreuz ist das S im Lendenbereich verstärkt. Die gerade Stellung geht einher mit einem Zurückschwingen des Beckenkammes (durch Anspannen der Bauchmuskulatur mit leichter Unterstützung durch die Gesäßmuskulatur), das Hohlkreuz mit einem Vorschwingen des Kammes (durch Entspannen der Bauch- und Gesäßmuskeln).

In dem Augenblick, in dem der Reiter sein Becken und damit seine Wirbelsäule in einer der beiden »Endstellungen« feststellt, blockiert er sowohl seine eigene Bewegung als auch die des Pferderückens.

Tut er das gewollt, so gibt er mit dem Kippen des Beckens eine Parade und blockiert den Rücken des Pferdes so weit, dass es seine Bewegung verlangsamt oder gar anhält.

Tut er es ungewollt, so wird er vom Pferd aus dem Sattel geworfen und die Gesäßknochen verlieren den Kontakt zum Pferderücken.

Wie für den Spannungsbogen des Pferdes gilt auch für die Aufrichtung des Reiters: Die Grundspannung im Sitz muss gleichmäßig sein. Und sie sollte nur so hoch sein, wie unbedingt nötig. Es gilt, wie immer für die Hilfenminimierung: So viel wie nötig, so wenig wie möglich.

»Spannungsspitze« in einer Korrektursituation: Das Pferd wollte der Gewichtsverlagerung nach links (in die Traversale) nicht folgen. Deswegen schiebt die Reiterin extrem die linke Hüfte vor und unterstützt mit der Gerte in einer Hand rechts. Dabei fällt allerdings der Kopf fehlerhaft nach vorn. Solche »Kraftakte« gilt es im Normalfall zu vermeiden.

Die links abgebildete Korrektur führte dazu, dass das Pferd danach der Gewichtsverlagerung in die Traversale willig folgt – die kurzfristige Verstärkung der Reiter-Spannung hat also ihren Zweck erfüllt und braucht nicht aufrecht erhalten zu werden.

Der Körper muss weitgehend von den großen, kräftigen Muskeln rund um das Becken aufgerichtet werden (Bauch- Gesäß- und bedingt auch Oberschenkelmuskulatur). Die kleineren, schwächeren Muskeln an den Gliedmaßen müssen für die Feinabstimmung (unabhängige, weiche Handeinwirkung, dosierter Schenkeldruck) frei sein. Sie dürfen keine schwere Halte-Arbeit leisten, sonst leidet die Sensibilität.

Erzeugt der Reiter in einem Teil seines Körpers zu hohe Spannung oder unterbricht sie, so setzt er damit eine Kette von unerwünschten Begleitumständen in Gang, die seinen Sitz und seine Einwirkungsmöglichkeiten auf dem Pferderücken deutlich beeinträchtigen.

Hält er zum Beispiel sein Becken dauerhaft fest, reitet mit »angezogenem Kreuz«, so blockiert er neben seiner Wirbelsäule auch die Schultern und macht mit dem Kreislauf: feste Schulter – fester Ellbogen – festes Handgelenk – starre Faust eine unabhängige, »weiche« Hand unmöglich.

Lässt der Reiter den Kopf nach unten oder zur Seite hängen, so unterbricht er die Aufrichtung in der Wirbelsäule und seine Grundspannung im Sitz – eine differenzierte Einwirkung über die Belastungsänderung auf den Gesäßknochen wird damit erschwert, was die Gewichtshilfen unpräzise und dem Pferd gegenüber missverständlich machen kann (siehe Funktionszusammenhänge beim Reiter, Seite 29ff).

Der innere Zügel stellt das Pferd – hier in ein Schulterherein auf dem Zirkel. Der Zügel wird jedoch auf diesem Bild fehlerhaft Richtung Oberschenkel gezogen.

Der innere Zügel stellt das Pferd – hier in eine Traversale hinein. Er wirkt nur seitwärts und nach oben, nie nach hinten oder unten.

Gesamtspannung und Energiekreis

Zu den jeweils eigenen Spannungskreisen der beiden »Partner« kommt jedoch noch eine gemeinsame Spannung im Gesamtsystem Pferd plus Reiter hinzu. Diese Gesamtspannung sorgt gewissermaßen für den Zusammenhalt des Systems. Das Pferd darf sich nicht aus der für ein »Reitpferd« zweckmäßigen Haltung herausmogeln; und der Allerwerteste des Reiters darf den Kontakt mit dem Pferderücken nicht verlieren.

Um das zu erreichen, wirkt der Reiter mit den Hilfen auf das Pferd ein. Er zeigt dem Pferd den Weg in eine funktionelle Haltung, muss dabei jedoch immer selbst aufpassen, seine eigene funktionelle Haltung nicht zu verlieren.

Zügel und Sattel stellen dabei die »Verbindungs- und Schaltstellen« zwischen den beiden einzeln gespannten Komponenten Reiter und Pferd dar.

»Schaltstellen«

An der Schaltstelle Pferderücken-Sattel-Reitergesäß spielt sich der Haupt-Energieaustausch zwischen beiden Systemen ab. Hier treffen beide Grundspannungen (der Spannungsbogen des Pferdes und die Spannung aus der Aufrichtung des Reiters) sowie zwei verschiedene dynamische Bewegungen aufeinander und müssen in eine zusammenwirkende, an der Schaltstelle »übereinstimmende Dynamik« überführt werden, so dass sich das Gesäß des Reiters nicht ungewollt vom Pferderücken entfernt.

Durch bewusstes Blockieren der Rückenbewegung des Pferdes bzw. durch Verlagerung seines Schwerpunktes kann der Reiter hier Richtungs- und Tempoänderungen des Pferdes erwirken.

Die hohe innere Hand kann zur Korrektur von Stellung und Nachgiebigkeit im Genick sowie zum Freimachen und Anheben der inneren Schulter eingesetzt werden. Sie darf nicht schräg über den Widerrist nach außen gezogen werden. Idealerweise wird die hohe Hand noch weiter vorn, ohne Rückwärtstendenz, eingesetzt.

Die fehlerhaft rückwärts ziehende innere Hand führt dazu, dass das Pferd kopflastig wird und auf die äußere Schulter fällt.

Über die Schaltstelle Maul-Zügel-Reiterhand wird die über den schwingenden Pferderücken nach vorn übertragene Energie aus der Hinterhand des Pferdes in erwünschte Richtungen gelenkt (immer in Verbindung mit der Schaltstelle Rücken/Sattel/Gesäß).

Die Zügel begrenzen den Energiekreis des gesamten Pferd-Reiter-Systems nach vorne und zur Seite. Schwerpunkt liegt auf dem Begriff »begrenzen«. Begrenzen heißt nicht nach hinten ziehen. Der äußere Zügel verhindert ein seitliches Herausdriften in Wendungen. Er kontrolliert die Stärke der Abstellung/Biegung des Pferdes sowie seine Hals- und Kopfhaltung (Kontrollzügel – siehe auch »äußerer Zügel«, Seite 142ff).

Der innere Zügel führt das Pferd in eine Wendung und sorgt für die Innenstellung. Geschickt seitwärts und nach oben wirkend angewendet bringt er das Pferd auch dazu, den Hals fallen zu lassen und im Genick nachzugeben (siehe auch »hohe Hand«, Seite 130f).

Fühlen und Denken in Übereinstimmung bringen

Diese gemeinsame Dynamik und Gesamtverspannung muss sowohl vom Verstand her als auch gefühlsmäßig vom Reiter erfasst werden.

Der Reiter muss verstehen, warum er von den Bewegungen des Pferdes »geworfen« wird und wie er das vermeiden kann – er muss aber auch erfühlen und ausprobieren, wie sich welche kleine Veränderung seines eigenen Körpers auf die Bewegungen des Pferdes und seine eigenen auswirkt (siehe auch Aktionsbibliotheken, abrufbares Bewegungsgefühl, Seiten 16, 36, 70ff).

Dazu ist ein bewusstes »Umschalten« von rechter zu linker Gehirnhälfte – von Wissen und Wollen zu Fühlen – nötig, was den meisten Menschen ziemlich schwer fällt. Die linke Gehirnhälfte ist für alles zuständig, was der Verstand logisch erfassen und ordnen kann, die rechte dagegen für Gefühle, Bilder und auch für die Bewegung im Raum.

Sprachliche Anweisungen – durch einen Reitlehrer – werden zuerst mit dem Verstand erfasst – mit der linken Gehirnhälfte. Eine Gefühlswahrnehmung, ein »Bewegungsbild« dagegen kommt über die rechte Gehirnhälfte zustande – über ein Hineinfühlen in die Pferdebewegungen, ein inneres, konzentriertes »Horchen« auf das Zusammenspiel zwischen Reiter und Pferd an den beiden Schaltstellen Pferdemaul-Reiterhand und Reitergesäß-Pferderücken.

Das innere und das äußere »Bild vom Reiten«

Damit für den einzelnen Reiter sowohl ein inneres als auch ein äußeres »Bild vom richtigen Reiten« entsteht, müssen beide Gehirnhälften zum Einsatz kommen. Und es muss vor allem ein Austausch von Informationen zwischen beiden stattfinden.

Das äußere Bild kann durch die sprachlichen Anweisungen eines Reitlehrers und durch Kontrolle im Spiegel entstehen und wird in der linken Gehirnhälfte erzeugt und geordnet. Das innere Bild muss durch die Entwicklung des Körpergefühles für bestimmte Bewegungen und Bewegungskombinationen sowie deren Auswirkungen (auf das Pferd) entstehen. Und durch ein zweckmäßiges inneres Selbstbild des Reiters.

Wie schon in den Eingangsgedanken erwähnt, können »Aktionsbibliotheken« entstehen, die mit Gefühlen und Bildern hinterlegt sind. Für diese Bibliotheken ist es jedoch essenziell wichtig, dass rechte und linke Gehirnhälfte gut zusammenarbeiten. Die Gefühls- und Bildwahrnehmung entsteht rechts und wird links eingeordnet, gespeichert und abrufbar gemacht.

Beide Gehirnhälften nutzen

Prinzipiell ist natürlich die Verbindung zwischen beiden Gehirnhälften bei jedem Menschen vorhanden; nur kann es manchmal passieren, dass sie (kurzfristig oder länger) blockiert ist oder dass eine Gehirnhälfte so dominant ist, dass die andere »unterdrückt« wird.

Die Gehirnhälften und ihre Zuständigkeiten

Linke Gehirnhälfte

sprachorientiert (bedingt eine zeitliche Abfolge von Ereignissen), objektiv, vorausschauend, logisch, analytisch, systematisch, konzentriert, ordnend, Kategorien anlegend, nicht beweglich und nicht an Bewegung interessiert, nicht kreativ

Rechte Gehirnhälfte

bildhaft (Gleichzeitigkeit von verschiedenen Ereignissen), subjektiv, augenblicksorientiert, künstlerisch, kreativ, instinktiv, gefühlsbetont, emotional, zuständig für Koordination und Bewegung sowie die Orientierung im Raum, undiszipliniert, sprunghaft und unkonzentriert

Das erklärt die verschiedenen Arten, zu lernen bei den Reitschülern.

Der eine lernt fast nur »aus dem Bauch heraus« nach dem »Try-and-Error-Verfahren«. Solche Reiter reiten häufig mit viel Einfühlungsvermögen und hören ihrem Pferd gut zu, wissen aber oft nicht, wie sie das, was sie machen, einem anderen vermitteln oder erklären sollen.

Der andere muss genau die Abläufe im Pferde- und Reiterkörper verstehen, um weiterzukommen; er kann erklären, was er macht und warum er es macht, doch mangelt es ihm häufig am Feingefühl für die Reaktionen des Pferdes; er reitet zu technisch, zu mechanisch, was immer eine gewisse »Hölzernheit« mit sich bringt.

Der gute Reiter muss beide Gehirnhälften so weit wie möglich nutzen.

Sprache und abstraktes Denken trennen so manchen von der erfahrbaren Wirklichkeit, von Sinneseindrücken über das Fühlen, Sehen, Hören und vom Raumgefühl (der Bewegung im Raum).

Nur eine losgelassene Grundhaltung des Pferdes macht es aufnahmebereit für Signale des Reiters. Durch Biegung und Stellung auch im Leichttraben – wie hier abgebildet – erreicht man die Losgelassenheit des Pferdes.

Moshé Feldenkrais arbeitete verstärkt an einem Freimachen der Verbindung zwischen den verschiedenen Hirnteilen. Seine Methode »Bewusstheit durch Bewegung« kann dem Reiter bei der Verbesserung des Körpergefühls helfen. Und vor allem kann sie helfen, »richtig« zu lernen – durch eine bewusste Veränderung des eigenen Selbstbildes.

Es ist möglich, durch bewusste motorische Übungen, durch die Veränderung der Qualität einer Bewegung oder der Haltung und ein dadurch verändertes Bewegungsgefühl (gefühlsmäßige Ebene = rechte Gehirnhälfte) auch den analytischen Verstand (linke Gehirnhälfte) automatisch mitlernen zu lassen. Durch schnelles »Umschalten« werden als richtig oder »angenehm« erkannte Bewegungsbilder bzw. -gefühle aus der rechten Hälfte in die linke übernommen und dort kategorisiert, geordnet und abgelegt, so dass sie schnell abrufbar werden.

Haltung und emotionaler Zustand

Der Zusammenhang von Körperhaltung und emotionalem Zustand ist hinreichend bekannt.

Die gebeugte Haltung verrät z.B. einen unsicheren, schüchternen Menschen; die stocksteife Aufrichtung mit geschwellter Brust einen aufgeblasenen Pfau. Nur die lockere Aufrichtung ohne unnötige Versteifung verrät eine natürliche Sicherheit, ein »aufrechtes, offenes Wesen«.

Nur eine solche »offene Haltung« macht den Reiter aufnahmefähig für Signale des Pferdes

und lernbereit für als positiv erkannte Veränderungen. Und sie gilt es über Bewegungsbilder zu erreichen.
Das Gleiche gilt für die Beurteilung der Haltung des Pferdes in Verbindung mit dem Gefühl des Reiters für die Bewegungen des Pferdes unter ihm. Nur eine losgelassene Haltung des Pferdes lässt die Hilfen des Reiters durch und macht das Pferd aufnahmebereit und sensibel.

Losgelassenheit ermöglicht Hilfenminimierung

Nur die größtmögliche Losgelassenheit von beiden Partnern – Reiter und Pferd – macht eine Minimierung aller Hilfen möglich. Je weniger überflüssige Muskelanspannung bei beiden im Normalfall vorhanden ist, desto sensibler und feiner können beide auf minimale Veränderung in einem Teil des Gesamt-Systems reagieren.
Beispiel:
Pferd und Reiter befinden sich im Arbeitstrab. Der Reiter treibt dauernd mit dem Schenkel und hält ständig mit der Hand gegen, bzw. gibt pausenlos Paraden, um das Pferd in diesem Arbeitstrab »an den Hilfen« zu halten. Er hält sich und das Pferd in einer einfachen Situation unter erhöhter Anspannung (wie es leider immer noch oft genug gelehrt wird). Das widerspricht einer angestrebten Minimierung der Signale.
Nun will er zum Schritt durchparieren. Dazu muss er kurzfristig noch mehr treiben, die vorher mühsam erzeugte Energie durch ein stärkeres Kippen des Beckens blockieren und einen kurzfristig noch stärkeren Impuls am Zügel geben – also zusätzliche Energie (noch mehr Kraft) aufwenden.
Je mehr Energie er in der einfachen Reitsituation im Arbeitstrab schon aufgewendet hat, um so weniger hat er übrig für eine kurzfristige Verstärkung. Würde er im Arbeitstrab einfach losgelassen sitzen und das Pferd in Ruhe lassen, so würde das Pferd auf ein minimales Signal für die Parade reagieren. Die gesamte »Energiereserve« des Reiters wäre für Korrektursituationen frei und müsste nicht für eine simple Parade aufgewendet werden. Und das Pferd könnte durch Minimierung der Spannung im Reitersitz belohnt und in seiner (Re-)Aktion bestätigt werden (Loslassen des Kreuzes – siehe Funktionskreise Reiter, Seite 29ff).

**Jedes Pferd hat eine individuelle Art, sich zu bewegen.
Ein guter Reiter erfühlt diese Besonderheit und passt dann seine Aktionen (Hilfen) der vom Pferd vorgegebenen Bewegung an.**

Der gute Reiter hat primär ein gutes Gefühl für Situationen und Vorgaben des Pferdes. Die reine »Reittechnik« ist sekundär.

4.2.2 Spannung und Entspannung bewusst steuern

Bewusst Spannung »herausnehmen« – beginnend mit dem Körper des Reiters

Um etwas im System Reiter-Pferd zu verbessern, muss unnötige Spannung erkannt und bewusst zurückgenommen werden. Die Erfahrung zeigt, dass die meisten Reiter mit viel zu hoher Grundspannung im gesamten Körper reiten und dann völlig verblüfft sind, dass sie mit der Entspan-

Nur die größtmögliche Losgelassenheit von Reiter und Pferd macht die Minimierung von Hilfen möglich.

Der Reiter darf sich nicht mechanisch bewegen, sondern soll gefühlvoll auf die Bewegungen des Pferdes reagieren. Nur dann kann er rechtzeitig und an der richtigen Stelle eingreifen (= eine effektive Hilfe geben).

nung an der richtigen Stelle (dem »Loslassen« eines Muskels bzw. einer Muskelgruppe) eine sofortige Reaktion beim Pferd erzielen, die sie kaum für möglich gehalten haben. Die einzige Spannung, die im Körper des Reiters beständig vorhanden sein muss, ist die, welche für die Aufrichtung des Oberkörpers zuständig ist. Jede andere Muskelspannung muss hinsichtlich Dauer und Intensität minimiert werden und in Form von Wechselspannung wirken.

Entspannen ist viel wichtiger als Anspannen.

Der Ansatzpunkt dafür ist zuerst der Reiterkörper. Oft kann man sehen, dass sich das Pferd sofort mit entspannt, wenn der Reiter unnötige Spannung »herausnimmt«. Der Reiter entspannt die Schulter – und damit meist auch das Becken. Und das Pferd lässt als direkte Reaktion darauf den Rücken los und den Hals fallen.
Das bedeutet: Der Reiter muss lernen, sich in der Gesamtheit sowie auch gezielt einzelne Muskeln zu entspannen. Das kann er zwar auf dem Pferd lernen. Noch besser ist es jedoch, wenn er es schon vorher lernt und dann nur noch auf dem Pferderücken anzuwenden braucht.

Die Notwendigkeit der bewussten Entspannung

Nehmen wir eine Schreckreaktion. Der Mensch erschrickt, »schnappt nach Luft« und hält den Atem an. In dieser Stellung spannt sich der gesamte Körper in Alarmbereitschaft. Beim Pferd laufen übrigens analoge Reaktionen ab.

Die erhöhte Spannung in allen Muskeln sorgt dafür, dass der Mensch (oder das Pferd) flucht- oder kampfbereit ist. Das heißt, die Spannungsenergie sollte im tatsächlichen Fall einer Gefahr schnell in Bewegungsenergie umgesetzt werden (Flucht oder Kampf). Erweist sich jedoch der Schreckauslöser als ungefährlich, muss die Spannung bewusst reduziert werden, z.B. durch tiefes Ausatmen und ein damit verbundenes Fallenlassen und Entspannen der Schultern. Diese Entspannung signalisiert so etwas wie Entwarnung und überträgt sich meist direkt aufs Pferd: Es entspannt sich ebenfalls.
Bleibt die »Schreckspannung« dagegen erhalten, so blockiert sie manchmal jede Bewegung. Der Reiter sitzt z.B. wie gelähmt auf dem Pferd. Das

Pferd steht wie angewurzelt und glotzt in die Richtung des Schreckauslösers.
Dieses Einfrieren der Bewegung ist zwar die für Pferd und Reiter »sicherste« Variante des Erschreckens, erfordert allerdings bewusste Entspannung, damit beide überhaupt wieder in Bewegung kommen. Diese bewusste Entspannung ist jedoch in diesem Fall recht einfach zu erreichen, da der Reiter nicht in Gefahr geriet, herunterzufallen, deswegen keine Angst hat und schnell »die Luft wieder rauslassen« kann.
(Bei der Angst vor dem Fallen ist das Reaktionsschema etwas anders: der Mensch krümmt sich zusammen, um die lebenswichtigen inneren Organe beim Aufprall zu schützen – doch auch in dieser »Embryo-Haltung« ist die Beweglichkeit des Reiterkörpers blockiert und kann die Bewegungen des Pferdes nicht mehr aufnehmen.)

Im System Reiter-Pferd läuft dummerweise fast immer eine doppelte Schreckreaktion ab. Das Pferd erschrickt, spannt sich und verursacht einen Sekundenbruchteil später die gleiche Reaktion beim Reiter, der sich genauso spannt (oder auch umgekehrte). Diese beiden Spannungszustände machen eine gemeinsame Bewegung von Reiter und Pferd fast unmöglich.
Springt das Pferd los und entschließt sich zur Flucht, so ist der Reiter durch seine erhöhte Körperspannung stark in Gefahr herunterzufallen, weil er sich der Bewegung des Pferdes nicht schnell genug anpassen kann. Ein Pferd, welches seine erhöhte Schreckspannung zudem durch ein paar Bocksprünge loswerden möchte, hat einen verspannten Reiter ziemlich schnell »abgeschossen«.
Erschrickt andererseits der Reiter zuerst, so spürt das Pferd fast im gleichen Augenblick seine Anspannung, sein ruckartiges Zusammenzucken. Viele Pferde nehmen das zum Anlass, einen »kleinen Seitensprung« zu machen, der wiederum den verspannten Reiter schnell aus dem Sattel befördern kann. Besonders ängstliche Reiter und schreckhafte Pferde müssen deswegen ein gutes »Angstbewältigungsprogramm« durchlaufen, um einen sich selbst verstärkenden negativen Kreislauf aus Angst und Verspannung zu verhindern.

Erhöhte Spannung blockiert die »Schaltstellen«

In abgeschwächter Form passiert das Gleiche wie beim Erschrecken, wenn sich Reiter und/oder Pferd in ihren normalen Bewegungen verkrampfen. Das geschieht z.B. beim Reiter, wenn er etwas zu sehr will, »verbissen« an einer Lektion arbeitet oder sich ganz bewusst im Sattel »richtig hinsetzen« möchte. Auch ein übereifriges Pferd, welches alles richtig machen und seinem Reiter gefallen will, verspannt sich manchmal aus diesem Grund und/oder greift Hilfen vor.

Die Grundspannung in allen Körperteilen ist dann zu hoch; das kostet unnötige Kraft, macht alle Bewegungen »eckig« und ineffektiv und erlaubt vor allem kein harmonisches Zusammenspiel an den Schaltstellen Pferderücken-Reitergesäß und Pferdemaul-Reiterhand:

- 1 Der Reiter hält sein Becken/seine Schulter fest, das Pferd den Rücken.
- 2 Der Reiter wird fest in der Hand, das Pferd hart im Maul – es beißt sich fest (und verspannt sich dabei in Hals und Rücken).

Beide Wechselbeziehungen können sowohl vom Pferd wie auch vom Reiter verursacht werden. Die Korrektur muss jedoch immer vom Reiter

Die Grundzüge der »Progressiven Muskelentspannung«

Spannen Sie ein Körperteil bewusst an. Halten Sie die Spannung 2–3 Sekunden und entspannen Sie dann bewusst wieder. Achten Sie darauf, wie und in welche anderen Körperteile eine Spannung ausstrahlt, in welchen Bereichen sie sich leicht lösen lässt und welche Muskeln verkettet sind, d.h. welche Muskeln sich nur schlecht einzeln an- bzw. entspannen lassen.

Beispiel Arm

Spannen Sie den rechten Arm an – ballen Sie die Hand dabei zur festen Faust. Achten Sie darauf, wie weit die Spannung aus dem Arm bis in die Rückenmuskeln hinunter reicht!
Entspannen Sie dann den Arm von der Hand zur Schulter, indem Sie erst die Faust öffen und dann fortschreitend nach oben bis zu Oberarm und Schulter mit der Entspannung fortfahren. Merken Sie, wie der Unterarm sich schon mit entspannt, wenn die Faust aufgeht?
Entspannen Sie andersherum - von der Schulter zur Hand. Merken Sie, wie die Entspannung in der Schulter den Ellbogen und die Faust mit löst? Es ist kaum möglich, mit lockerer Schulter den Arm zu versteifen.
Deswegen ist es für eine sensible Zügelführung so immens wichtig, die Schultern locker fallen zu lassen.

Verrsuchen Sie das Gleiche mit dem anderen Arm, mit beiden Beinen, mit den Muskeln im Kopfbereich: Kiefer- und Nackenmuskeln und denen im Oberkörper/Beckenbereich: Bauchmuskeln und Rückenstrecker.
Achten Sie immer auf die Verkettungen!

ausgehen. Er muss Spannung aus dem gesamten System Reiter + Pferd herausnehmen.
Das kann er durch bewusste Entspannung im eigenen Körper tun: Er kann sein Becken loslassen, seine Schultern fallenlassen und mit der Hand nachgeben bzw. den Zügel loslassen (siehe Funktionskreise Reiter, Seite 54ff). Wichtig ist dabei, die Bewegungen des Pferderückens nicht durch erhöhte Spannung in einem Körperteil (z.B. durch Anklemmen des Oberschenkels oder Festhalten des Beckens) zu blockieren sondern bewusst zuzulassen. Das Becken des Reiters – und dadurch seine Wirbelsäule – wird durch das Schwingen des Pferderückens mit bewegt.
Zudem kann er das Pferd biegen und über diese Längsbiegung den Rücken des Pferdes entspannen. Korrekte Biegearbeit ist die einzige Möglichkeit, beim Pferd eine Verspannung im Rücken oder im Hals zu beseitigen, ohne isoliert »am Kopf zu arbeiten«.

Spannung aus dem System Reiter+Pferd durch Biegen des Pferdes herausnehmen.

In der Traversale kann der Erfolg der Biegearbeit überprüft werden. Das Pferd muss leicht dem Gewicht des Reiters folgen und frei in der Schulter sein.

4.2.3 Entspannung des Gesamtsystems durch richtige Biegearbeit

Der seitliche Spannungsbogen (= Längsbiegung) Ein korrekter (ungebrochener und gleichmäßiger) seitlicher Spannungsbogen in der Biegung ist die Grundlage für jede weiterführende Ausbildung. Nur eine gleichmäßige Längsbiegung des Pferdes ermöglicht es dem Reiter, Tempo, Hinterhand und Kopfhaltung des Pferdes richtig zu kontrollieren. Das richtig gebogene Pferd kann weder den Rücken festhalten noch den Hals hochdrücken. Auch Bocken oder Steigen fallen dem Pferd in der Biegung sehr schwer – ich habe jedoch schon ein paar »Spezialisten« erlebt, die es trotzdem noch konnten.

Der Zusammenhang zwischen Biegearbeit und Losgelassenheit

Um eine weitest mögliche Losgelassenheit des Gesamtsystems Reiter plus Pferd zu erreichen, muss der Reiter überflüssige Spannung im eigenen Körper erkennen und notfalls bewusst reduzieren. Und er muss das Pferd dazu anleiten, das Gleiche zu tun – also seine Bewegungen (unter dem Reiter) mit der minimal möglichen Spannung, aber mit aktiver Hinterhand, auszuführen. Dazu muss er das Pferd biegen – und während der Biegearbeit aufpassen, dass weder er selbst noch das Pferd irgendwo »dicht macht«, also eine Dauerspannung aufbaut. Und vor allem darf das Pferd nicht »lernen«, sich gegen biegende Hilfen zu wehren.

Besondere Bedeutung kommt dabei der richtigen Verwendung von äußerem und innerem Zügel zu (siehe: die immense Bedeutung des äußeren Zügels), einer gezielten Gewichtsverlagerung und dem rechtzeitigen Aussetzen einer Hilfe oder Hilfenkombination, wenn ihr Zweck erfüllt ist.

Biegung, Gymnastizierung und das Erreichen der Dehnungshaltung

Nur ein Pferd, welches sich biegen lässt, kann gymnastiziert werden. Nur ein über Biegeübungen gymnastiziertes Pferd kann überhaupt geradeaus gehen (gerade gerichtet werden) und

Biegung: Der innere Zügel stellt und wird dann lose.

Schulterherein – das Pferd nicht am inneren Zügel ins Schulterherein ziehen, sondern über die Belastung auf dem äußeren Gesäßknochen und am äußeren Zügel kontrollieren.

sich loslassen. Und nur ein gerade gerichtetes und losgelassenes Pferd nimmt mit beiden Hinterbeinen gleichmäßig viel Last auf, drückt sich also nicht einseitig vor der Belastung.

Nur wenn die grundsätzlich bei jedem Pferd vorhandene, mehr oder weniger ausgeprägte, Schiefe durch richtige Gymnastizierung »weggeritten« wurde, ist das Pferd in der Lage, sich gut unter dem Reitergewicht auszubalancieren.

Nur ein gebogenes Pferd kann am äußeren Zügel kontrolliert werden, lässt eine Parade am äußeren Zügel durch. Bei einem richtig gebogenen Pferd kann der innere Zügel immer nachgegeben werden, so dass das Pferd keine Gelegenheit bekommt, eine Stütze dort zu suchen.

Bietet ein Pferd die Dehnungshaltung nicht von sich aus an, so kann diese auch wieder nur durch konsequente Biegung (mit seitwärts wirkendem Zügel) erreicht werden; das im Hals gerade gestellte Pferd wird immer entweder »über dem Zügel« bleiben oder es wird sich hinter dem Zügel verkriechen (wenn versucht wird, das Pferd mit dem rückwärts wirkenden inneren Zügel zu biegen – z.B. mit Hilfe eines Schlaufzügels).

Wofür die Seitengänge gut sind: Dehnung der äußeren Seite – Aktivierung des übertretenden Hinterbeines

Seitengänge sind eigentlich nur eine Sonderform der Biegung, bei der gebogen geradeaus geritten wird (Travers, Renvers, Schulterherein und Konterschulterherein) bzw. gebogen diagonal (Traversale). Das Schulterherein trainiert insbesondere das innere Hinterbein, Travers und Renvers vermehrt auch das äußere. Zudem ist die starke Dehnung der äußeren Seite ein wichtiger Faktor. Diese Dehnung erreicht in der Traversale ihre Vollendung, ist jedoch auch in Renvers und Travers schon stärker ausgeprägt als im Schulterherein. Das kommt daher, dass das äußere Hinterbein einen größeren Weg zurücklegen muss, wenn es übertritt.

Stellung und Biegung

Bei allen Seitengängen muss der Reiter darauf achten, dass das Pferd genügend vortritt und nicht das übertretende Hinterbein zu kurz vor dem anderen aufsetzt. Passiert das, so wird das andere Bein behindert und muss einen Bogen um das im Weg stehende (zu kurz übergetretene) schlagen, was sich als Taktunreinheit oder in Blockaden der Bewegung (Klemmen) auswirken kann.

Taktunreinheiten und ein Klemmen des Pferdes in der Bewegung kommen auch dann vor, wenn das Pferd am rückwärts wirkenden inneren Zügel in die Stellung »hineingezogen« wird.

Probeweise nachgeben und abwarten, wie das Pferd reagiert

Ein junges Pferd ist oft recht leicht zu biegen, wenn es hinsichtlich Tempo und Gangart nicht überfordert wird. Bei steifen, verdorbenen oder im Gebäude problematischen Pferden, muss man ab und zu mit Methoden arbeiten, die nicht immer der »reinen Lehre« entsprechen. Prinzipiell ist jedoch alles richtig, was das Pferd langfristig lockerer und besser kontrollierbar macht und eine Minimierung aller Signale ermöglicht – speziell eine Minimierung der Zügeleinwirkung hinsichtlich Kraft und Länge. Die Erfahrung zeigt, dass das Hauptübel bei fehlerhafter Ausbildung des Pferdes in einem »Zuviel« an Zügelspannung liegt. Der zu lange und zu fest angenommene Zügel zieht. Dabei spielt es keine Rolle, ob der Reiter nur die Hand stehen lässt und dem Pferd erlaubt, gegen die Hand zu ziehen oder ob er selbst aktiv nach hinten zieht.

Eine der wichtigsten Regeln auch in der Biegearbeit ist deswegen: **so oft wie möglich nachgeben**. Das Pferd muss immer wieder »gefragt« werden, ob es mit weniger Einwirkung auskommt. Auch dann, wenn das Pferd noch nicht auf einen seitlichen Zug am Zügel nachgegeben hat, muss der Reiter ab und zu Druck wegnehmen – um zu sehen, was passiert. Manche Pferde entspannen sich, sobald der Zügeldruck wegfällt und lassen den Hals fallen.

Korrekturmaßnahmen durch den Wechsel von Außen- und Innenstellung

Lässt ein Pferd sich prinzipiell biegen, neigt jedoch zu Ausweichmanövern, so können Innen- und Außenstellung beliebig gewechselt werden; dieser Wechsel kann sinnvoll sein,

- a wenn das Pferd über die Schulter nach außen drängelt.
- b wenn das Pferd den Hals aus der Schulter heraus nach oben drückt.
- c wenn das Pferd in die Wendung hineinfällt oder die Schulter herunterdrückt.
- d wenn das Pferd dem Reiter davonläuft, d.h. zu schnell wird.
- e wenn das Pferd den Rücken festhält und klemmt.

Zirkelarbeit mit wechselnder Stellung und Biegung

Besonders effektiv ist ein Wechsel von Schulterherein und Konterschulterherein auf dem Zirkel.

Wichtig bei einer solchen Übung sind die deutliche und konsequente Stellung und Biegung des Pferdes, ein gut kontrollierender äußerer Zügel (siehe Bedeutung des äußeren Zügels) und der überdeutliche Sitz des Reiters in Bewegungsrichtung.

Beispiel: die Außenstellung (Konterschulterherein) auf der rechten Hand auf dem Zirkel.

Das Pferd wird nach links gestellt und gebogen

mit einer seitlich herausgeführten linken Hand. Der linke Schenkel verhindert am Anfang durch Gegenhalten am Gurt, dass das Pferd aus dem Zirkel wechselt. Dabei hilft ihm der kontrollierend angenommene (evtl. leicht vibrierende) äußere Zügel. Der Reiter sitzt deutlich auf dem rechten Gesäßknochen (dem äußeren in Bezug auf die Stellung des Pferdes, dem Richtung Zirkelmittelpunkt inneren) und schaut nach rechts auf die geplante Bewegungslinie, die Zirkellinie. Will das Pferd nach links aus dem Zirkel herauslaufen, so wird der rechte Zügel etwas stärker angenommen.

Ist das Pferd nur halbherzig nach außen (links) gestellt, so stellt es sich bei diesem vermehrten Annehmen des rechten Zügels nach innen (rechts) um – ist es deutlich gestellt, wirkt der rechte Zügel richtig kontrollierend und hält das Pferd in Außenstellung auf der Zirkellinie.

Sitzt der Reiter nicht gut (deutlich) genug auf dem rechten Gesäßknochen, so läuft ihm das Pferd nach links weg – in Richtung seiner Stellung.

Nach einer halben Runde in Außenstellung werden dann die Hilfen umgekehrt und das Pferd in ein normales Schulterherein auf der Zirkellinie geritten.

Wir sind immer noch auf der rechten Hand; das Pferd wird deutlich nach rechts gestellt, so als ob Sie in den Zirkelmittelpunkt reiten wollten (mit Gewicht nach rechts und Blickrichtung in den Mittelpunkt). Macht das Pferd Anstalten, abzuwenden, »schalten« Sie die Hilfen um. Sie blicken nach außen auf die Zirkellinie (über die linke Schulter des Pferdes hinweg). Damit kommt Ihr Gewicht auf den äußeren Gesäßknochen. Dann nehmen Sie den äußeren (linken) Zügel an und treiben das Pferd mit dem rechten Schenkel

In Außenstellung auf dem Zirkel. Die äußere, linke Hand wird zur Seite geführt, die Reiterin belastet den linken Gesäßknochen und schaut in Bewegungsrichtung über die linke Schulter des Pferdes hinweg.

gegen den linken Zügel – voilá, das »normale« Schulterherein auf der Zirkellinie.

Fehlerquellen

Klemmt das Pferd bei den Schulterhereinübungen in Innenstellung auf dem Zirkel oder hat die Tendenz über die äußere Schulter wegzulaufen, hat das normalerweise drei Hauptgründe:

- 1 Der Reiter arbeitet zu viel und zu lange am inneren Zügel, kommt ins Ziehen (innen hier auf die Stellung des Pferdes bezogen).
- 2 Der Reiter klemmt mit dem inneren Schenkel fest und will das Pferd damit wegdrücken.
- 3 Der Reiter lässt seine Hüfte nicht los und blockiert damit das Schwingen des Pferderückens.

Schulterherein: Locker sitzen mit Gewicht auf dem äußeren Gesäßknochen und Blickrichtung geradeaus in Bewegungsrichtung. Die Gerte einsatzbereit halten, um die Hinterhand zu aktivieren.

Das Pferd hinter dem Reitergewicht herlocken in der Traversale. Der Schenkel liegt etwas an, um das Pferd daran zu hindern, über die Schulter nach rechts zu kippen.

Diese Fehler sind durch das bewusste »Loslassen« in Becken und Hüfte sowie den rechtzeitigen Einsatz der Gerte am inneren Hinterbein des Pferdes zu beheben. Für den Gerteneinsatz nehmen Sie am besten beide Zügel in die äußere Hand, damit Sie nicht in Gefahr geraten, dabei am inneren Zügel zu rucken. Dies muss jedoch rechtzeitig geschehen, bevor das Pferd über die Schulter weggelaufen ist. Ansonsten ist die Übung erst mal nicht zu retten und muss neu angesetzt werden.

Das macht jedoch nichts. Es ist viel besser, ein Pferd mal »aus dem Ruder« laufen zu lassen, weil man an der falschen Stelle oder im falschen Moment losgelassen hat, als das Pferd dauerhaft mit aller Macht kontrollieren zu wollen und sich dabei festzuziehen. Der Wechsel von Innen- und Außenstellung sensibilisiert das Pferd extrem auf die Gewichtshilfen und den äußeren Zügel – die beiden Hilfenarten, die im Zuge der Hilfenminimierung die Haupthilfen werden sollen. Zudem kann das Pferd in den verschiedenen Schulterhereinstellungen weder den Hals hochdrücken noch den Rücken festhalten. Und es kann nicht davonstürmen. Für Pferde, die gern die Flucht nach vorn antreten, ist diese Übung genauso gut geeignet, wie für Pferde, die mit den Hinterbeinen nicht vortreten wollen.

Üben Sie zuerst im Schritt, später im Trab (bei im Rücken empfindlichen Pferden kann die Übung auch im Leichttraben geritten werden, was für den Reiter jedoch schwieriger ist); mit einem gut gymnastizierten und sensibilisierten Pferd geht es auch im Galopp.

Später können in dieses Wechselspiel auch ein paar Tritte Travers bzw. ein paar Traversalentritte

Das kann passieren, wenn Sie versuchen, das Pferd mit dem äußeren Schenkel in die Traversale hineinzudrücken. Der Oberkörper wird schief.

Richtung offene Zirkelseite eingebaut werden. Auch hier ist wieder der äußere Zügel maßgebend.

Beispiel: Traversalenansatz auf dem Zirkel nach rechts.

Das Pferd läuft mit guter Kontrolle am äußeren Zügel auf dem Zirkel, rechte Hand – der innere rechte Zügel ist »arbeitslos«. Am Zirkelpunkt Richtung offene Seite führen Sie nun die rechte Hand etwas seitwärts nach innen, setzen sich deutlich auf den rechten Gesäßknochen (Blickrichtung nach rechts innen in Bewegungsrichtung) – und geben deutliche Paraden am äußeren, linken Zügel.

Passen Sie auf, dass Sie Ihre rechte Hüfte nicht festhalten und damit Ihren Sitz und die Bewegung des Pferdes blockieren. Bleiben Sie locker sitzen und locken Sie das Pferd hinter Ihrem Gewicht her (das losgelassene Pferd läuft unter das Gewicht des Reiters). Verstärken Sie die Gewichtshilfe mit deutlichen Paraden am linken, äußeren Zügel. Setzen Sie zur weiteren Verstärkung die Gerte ein – und zwar gezielt am inneren Hinterbein zwischen Knie und Sprunggelenk, um es zum weiten Vorsetzen zu bewegen. Das äußere Hinterbein kommt dann schon nach.

Versuchen Sie nicht, das Pferd mit dem äußeren Schenkel in die Traversale hineinzuschieben. Dadurch geraten Sie in Gefahr, Ihr Gewicht auf die äußere Seite des Pferdes zu bekommen. Das Pferd soll jedoch Ihrem Gewicht hinterherlaufen, Ihrer Gewichtsverlagerung folgen – alles andere ist Krampf.

4.3 Der Zusammenhang Halshaltung-Pferdemaul-Zügel-Reiterhand

Durchlässigkeit und was bei einer Parade eigentlich passiert

Das Pferd muss die Hilfen durchlassen. Das geht nur, wenn sein Rücken locker schwingt und die Hilfen nicht in einem festgehaltenen Teil des Rückens oder Halses »abblockt«.

Insbesondere muss eine Zügelhilfe (Parade) des Reiters bis auf die Hinterbeine des Pferdes wirken (muss das Abfußen bei Bedarf verzögern) und darf nicht irgendwo im Hals oder Rücken des Pferdes »stecken bleiben«.

Die Verzögerung des Abfußens eines Hinterbeines auf der Seite, auf der der Zügel angenommen wird, ist das, was eine Parade eigentlich ausmacht. Das Pferd lässt das Hinterbein, auf das die Parade wirkt, etwas länger auf dem

Boden. Dafür muss es sich stärker in den Hanken beugen (stärkere Winkelung) und kann danach kraftvoller vom Boden abfedern. Die »Feder« in den 3 Gelenken der Hanken spannt sich stärker. Das Pferd »setzt sich« hinten und richtet sich vorne auf, wenn die Vorwärtsbewegung durch richtige Paraden (nicht rückwärts ziehend) begrenzt wird.

Das häufige Reiten der Übergangsfolge Trab-Halten-Rückwärtsrichten-Antraben hilft beim Erreichen guter Durchlässigkeit. Auch die Folge Halten-Rückwärtsrichten-Angaloppieren-Trab-Halten-Rückwärts-Galopp etc. ist sehr gut geeignet, die Hinterhand hinsichtlich ihrer Fähigkeit zur Winkelung zu verbessern und damit ihre Tragfähigkeit zu erhöhen. Eine ständig veränderte Spannung im Pferd durch häufig variiertes Tempo, wechselnde Gangarten und häufige Variationen in der Haltung (von Dehnung in die Tiefe bis Versammlung) hält die Hinterhand aktiv und das Pferd aufmerksam und wach. Lange Reprisen in gleichmäßigem Tempo können hektische, nervöse Pferde beruhigen, sind jedoch für Gymnastizierung und Durchlässigkeit nicht sehr effektiv.

Die schon in den Funktionskreisen beim Pferd beschriebenen fehlerhaften Halshaltungen des Pferdes verhindern eine Durchlässigkeit der Zügelhilfen; das Pferd puffert durch Ausweichmanöver die Zügelhilfen des Reiters ab. Paraden »kommen nicht durch«.

Um eine korrekte Einwirkung mit dem Zügel möglich zu machen, muss das Pferd seinen Hals (und sich selbst) in einer funktionell richtigen Haltung tragen. Um Missverständnisse hinsichtlich der Bedeutung von einigen Begriffen, die die

Zeichnung + Foto: Die richtige Dehnungshaltung.

richtige Haltung beschreiben, zu vermeiden folgt hier eine kurze Definition der wichtigsten Richtlinien, Bezeichnungen und Begriffe, die mit der Zügeleinwirkung und Halshaltung des Pferdes in Verbindung stehen.

Begriffsbestimmung

In die Tiefe reiten = Dehnungshaltung
Tief ist nicht einfach unten.

Richtiges »In-die-Tiefe-Reiten« bedeutet immer, die korrekte Dehnungshaltung zu erreichen – mit der Nasenlinie vor der Senkrechten – alles andere ist »Hals zusammenknautschen«.

Richtiges »Tief-Reiten« erfordert jedoch auch immer eine aktive Hinterhand und einen locker schwingenden Pferderücken.

Entspannte Bummelhaltung.

Pferd zu tief eingestellt und auf der Vorhand.

Western gerittene Pferde werden in so genannten Pleasure-Prüfungen oft in einer der Dehnungshaltung ähnlichen Positur geritten – mit sehr langem, tiefem Hals. Die tiefe Halshaltung in Verbindung mit sehr langsamem Tempo soll in diesem Fall die Rückenbewegung des Pferdes minimieren und den Reiter bequem sitzen lassen. Die Nase dieser Pferde ist zwar vor der Senkrechten, doch die aktive Hinterhand fehlt. Das Pferd lässt den Hals kraftlos hängen statt ihn zu dehnen. Ein ziemlich trauriger Anblick – wie alles, was übertrieben wird! Und als Training für die Oberlinie wertlos, wenn nicht sogar schädlich.

In die Tiefe reiten ≠ Auseinanderfallen

Richtiges Verlängern des Halses und in die Tiefe reiten hat nichts mit »Auseinander-Fallen« zu tun. Dem auseinander gefallenen Pferd fehlt die aktive Hinterhand; es lässt den Hals ab Widerrist hängen statt ihn zu tragen und zu strecken.

Einen besonders guten Trainingseffekt für die Elastizität von Rücken und Hinterhand hat der ständige Wechsel zwischen kurzer Versammlung und dem Entlassen des Pferdes in die Streckung mit aktiver Hinterhand. Bei diesen Haltungswechseln muss das Pferd sich nicht immer bis an die Grenze strecken, d.h. die Nase nicht immer bis auf den Boden nehmen. Es wird auch von Pferd zu Pferd unterschiedlich sein, wie weit es sich abstreckt. Manche Pferde fordern ab und zu vehement die Streckung (vor allem in Schrittpausen) und spielen Staubsauger – mit den Nüstern am Boden. Achten Sie bei diesen Pferden darauf, dass sie dabei nicht die Hinterbeine vergessen, denn sonst hängt der Rücken wieder durch.

Vor der Senkrechten –
das Genick als höchster Punkt

Vor der Senkrechten bedeutet »Nasenlinie vor der Senkrechten«. Nicht »Unterkiefer in der Senkrechten« und nicht »Kopfmitte in der Senkrechten«.

Und es bedeutet beim zusammengestellten oder versammelten Pferd: Das Genick ist der höchste Punkt. Nicht der erste Halswirbel (Atlas) und nicht der zweite Halswirbel (Axis). Die meisten Pferde unterbrechen ihren Spannungsbogen zwischen Axis und drittem Halswirbel, da sich dort eine Art Sollbruchstelle befindet (s. Abb.S.137).

Leider sieht man eine korrekte Kopf-Hals-Position in Dressurprüfungen recht selten – auch in den hochkarätigen nicht. Was wiederum aus meiner Sicht einiges über die Qualität des Bewertungssystems aussagt …

Brüche im Spannungsbogen

Korrekt vor der Senkrechten. Das Genick ist der höchste Punkt.

Vor der Senkrechten, jedoch über dem Zügel. Isolierte Aufrichtung des Halses.

Nehmen Sie die Stirn des Pferdes als Orientierung und lassen ein Lot nach unten fallen. Als generelle Richtlinie kann gelten: Die Nüstern des Pferdes müssen vor dieser Lotsenkrechten liegen.

Hinter der Senkrechten – Bruch im Spannungsbogen zwischen 2. und 3. Halswirbel

Wie oben schon erwähnt, haben hier viele Pferde den »falschen Knick«.

Der falsche Knick ist in den meisten Fällen ein Problem der zu starken und unsensiblen Handeinwirkung des Reiters – ein Pferd würde sich nie freiwillig in diese Haltung begeben, es sei denn als Ausweichmanöver, um sich der Einwirkung der Reiterhand zu entziehen.

Es gibt normalerweise zwei Arten, wie der falsche Knick entsteht:

Entweder der Reiter zieht mit Hilfszügeln oder mit viel Kraft im Arm die Pferdenase zurück.

Oder das Pferd weicht der harten Hand des Reiters nach hinten aus und zieht die unangenehme Überdehnung im Genick der ihm noch unangenehmeren harten und starren Reiterhand vor.

Der Effekt ist bei beidem der gleiche: Hinterhand und Rücken des Pferdes sind »weg«. Der Rücken hängt nach unten durch oder wird aktiv nach unten weggedrückt und die Hinterhand schleppt nach. Der »Motor« Hinterhand produziert in diesem Fall nicht mehr genug Energie. Die Verbindung zwischen hinten und vorne ist unterbrochen, der Reiter »sitzt im luftleeren Raum« – seine Gewichtshilfen verpuffen, weil das Pferd den Rücken unter ihm wegdrückt. Kopf und Hals des Pferdes haben ab der »Bruchstelle« keine richtige Verbindung mehr zum Rest des Pferdes. Der Reiter arbeitet in einer solchen Haltung isoliert an der Kopfhaltung – und verschlechtert die gesamte Situation noch.

Pferde, die zwischen dem 2. und 3. Halswirbel abknicken, sind oft steif im Genick und lassen sich schlecht stellen.

Vor der Senkrechten – und trotzdem mit Bruch zwischen 2. und 3. Halswirbel

Auch das ist möglich und wird noch weniger erkannt, denn eigentlich sieht das Pferd optisch gut aus. Trotzdem gibt es ein kleines Problem: Das Pferd benutzt die kurzen Muskeln im Unterhals, um die Haltung aufrecht zu erhalten. Der falsche Knick weist darauf hin, dass da etwas

Hinter der Senkrechten, zu eng im Hals. Der Rücken fällt trotz Aufrichtung durch.

Hinter der Senkrechten, zu eng im Hals. Die Hinterhand tritt nicht genug vor.

nicht stimmen kann. Nun gibt es deutlich Schlimmeres als diese Haltung. Doch auch deutlich Besseres.

Das Problem bei dieser Haltung sind die Paraden. Der falsche Knick lässt sie nicht richtig durch. Normalerweise – bei korrektem Spannungsbogen – läuft eine Parade vom Genick des Pferdes durch die gesamte Wirbelsäule und wirkt direkt auf das Hinterbein.

Mit einem Knick in der Wirbelsäule (hinter dem 2. Halswirbel) bleibt die Parade dort stecken. Das Pferd kippt an dieser Stelle etwas stärker ab und zieht das Kinn ein – und der Zügelanzug läuft erst einmal ins Leere. Deswegen muss der Reiter mit der Hand mehr oder weniger rückwärts wirken, um überhaupt über den 2. Halswirbel hinaus wirken zu können.

»Am Zügel« heißt nicht einfach nur »Nase unten«.

Korrekt »am Zügel« bedeutet »an den Hilfen« und »durchlässig«.

Das trägt nicht gerade zur Verfeinerung der Hilfengebung bei. Und es widerspricht der Prämisse: Der Zügel darf nie rückwärts wirken.

Am Zügel – mit und ohne Versammlung

Am Zügel bedeutet: Das Pferd ist im Genick entspannt und dehnt seinen Hals an das Gebiss heran. Die Nasenlinie ist vor der Senkrechten. Es nimmt das Gebiss an, »spielt mit ihm« (kaut) und lässt leichte Signale des Reiters im Maul ankommen, ohne die Zähne zusammenzubeißen. Das heißt es versteckt sich nicht vor dem Gebiss (hinter dem Zügel, hinter der Senkrechten) und es ruht sich nicht darauf aus und lässt nicht den Reiter seinen Kopf tragen (auf dem Zügel). Der Hals sollte sich im Bereich vor dem Widerrist dem Reiter entgegenwölben. Daran kann man erkennen, dass die richtigen Muskeln arbeiten.

Korrekt am Zügel bedeutet gleichzeitig »an den Hilfen«. Denn nur ein in Genick (und Rücken) entspanntes (= losgelassenes) Pferd lässt Energie und treibende Hilfen von hinten nach vorne durch. Und nur bei einem losgelassenen Pferd wirkt eine Parade auch zurück auf die Hinterbeine.

Die Haltung des Pferdes »ohne Versammlung« und »mit Versammlung« unterscheidet sich eigentlich nur durch die Stellung und Wölbung des Spannungsbogens. Das Genick bleibt immer der höchste Punkt. Die Wölbung des Halses ändert sich kaum. Mit Versammlung wird das Halsfundament stärker angehoben und die Hanken stärker gebeugt – das ist alles. Das Pferd scheint dann »bergauf« zu laufen.

Der Hals darf sich in der Versammlung nicht verkürzen. Tut er das, so ist das ein Zeichen dafür, dass er nicht frei getragen wird. Das ist ein Ausbildungsfehler. Und den bekommt man leider bis in die höchsten Klassen auf dem Turnier so oft zu sehen, dass jeder meint, es wäre richtig.

Hinter der Senkrechten, zu eng im Hals. Das Pferd puffert die Zügeleinwirkung durch Nachgeben nach hinten ab.

Trugschlüsse zur Einwirkung mit dem Zügel

Die Hand muss ruhig gehalten werden

Falsch: Ein »Ruhighalten« der Hand ist nicht möglich, weil sich sowohl Pferd als auch Reiter dauernd in Bewegung befinden. Die Hand muss stattdessen eine weiche Verbindung zum Pferdemaul aufnehmen, ohne dass der Zügel »schnappt«, d.h. ruckartige Impulse im Maul des Pferdes ankommen. Um eine weiche Verbindung zu erreichen, müssen alle Gelenke im Arm (insbesondere das Handgelenk und die Schulter – s.o.) locker sein, um die dafür nötigen kleinen Ausgleichsbewegungen vornehmen zu können.

Die Hand (und mit ihr der Arm) muss möglichst frei beweglich sein statt ruhig. Der Reiter soll mit dem Gebiss im Maul des Pferdes spielen. Wenn alle anderen Hilfen aussetzen, weil das Pferd gerade tut, was es soll und durch »Nichteinwirken« belohnt wird, so kann über ein leichtes

Grenzwertig in der Haltung. Das Pferd ist zwar stark aufgerichtet und gerade noch vor der Senkrechten; die Hinterhand tritt jedoch nicht weit genug vor. Der Rücken trägt nicht ausreichend.

Der Hals des Pferdes darf sich in der Versammlung nicht verkürzen.

Bewegen des Gebisses im Maul ohne Druck signalisiert werden »bleib aufmerksam«.

Vom leichten Vibrieren des kleinen Fingers am äußeren Zügel bis hin zu »großen Gesten«, wie z.B. dem hohen Anheben der inneren Hand, wenn ein Pferd auf die innere Schulter fällt, muss jede Bewegung mit Hand und Arm möglichst schnell und weich (ohne unnötige/unbeabsichtigte Härte) ausgeführt werden können.

Wenn Sie sich als Reiter isoliert von Ihrem Sitz darauf konzentrieren, die Hand ruhig zu halten, um das Pferd nicht im Maul zu stören, wird die Hand meist nur noch unruhiger, denn durch »krampfhaftes Wollen« wird erhöhte Spannung erzeugt.

Wichtig ist, sich klar zu machen, wo die Ursache der unruhigen (harten) Hand liegt – nämlich in einer festgehaltenen Schulter des Reiters – also in zu viel Spannung. Und dort muss mit der Korrektur (bewusstes Loslassen der Schulter) angesetzt werden. Oft sogar noch weiter unten, nämlich im Becken des Reiters, welches die Schulter stark beeinflusst.

Korrekte Haltung von Pferd und Reiterin. Locker aufgerichtet und mit aktiver Hinterhand.

Die Verbindung zum Maul darf nicht aufgegeben werden.

Falsch: Bei vielen Pferden ist der »lose« Zügel durchaus möglich (z.B. beim Westernreiten). Es hängt vom Exterieur des Pferdes, dem Ausbildungsstand und der gerittenen Lektion ab, wie weit ein oder beide Zügel anstehen müssen. Auch Westernpferde werden nicht von Anfang an mit losem Zügel geritten, sondern lernen zuerst, den anstehenden Zügel durch Nachgeben im Genick »anzunehmen«.

Besonders bei Pferden, die sich gern auf die Hand legen, ist es angebracht, zumindest hin und wieder ein- oder auch beidseitig die Verbindung bewusst aufzugeben, um dem Pferd die Stütze in der Hand zu verweigern. Die Abstufungen des

Die Hand muss nicht ruhig stehen, sondern möglichst locker und beweglich sein.

Die Intensität der Zügelspannung soll sich dauernd verändern. Nicht nur das Pferd soll mit dem Gebiss spielen, sondern auch die Hand des Reiters.

Das passiert, wenn der lose Zügel zu lang ist und ohne nachzufassen angenommen wird. Die Reiterin zieht sich die Hand in den Bauch und kippt das Becken, um der eigenen Zügelhand auszuweichen.

Begriffs »Verbindung aufgeben« sind jedoch beträchtlich. Sie reichen von »Zügelspannung bis auf fast 0 reduzieren« bis zum »beidhändigen Überstreichen«. Mit dem Überstreichen, welches auch in klassischen Dressurprüfungen verlangt wird, schafft man im Prinzip die Überleitung zum Westernsport, was die Zügeleinwirkung angeht: Das Gewicht der Zügel beim fein gerittenen Western-Pferd reicht aus, um eine kommunikative Verbindung zur Reiterhand aufrecht zu erhalten. Das Pferd geht in Selbsthaltung und wird weitgehend über Gewichtshilfen gelenkt. Auch mit dem Überstreichen in der Dressur soll gezeigt werden, dass das Pferd nicht mit dem Zügel zusammengehalten wird, sondern sich selbst trägt und auch dann »in Haltung« bleibt, wenn der Zügeldruck wegfällt.

Der lose Zügel wirkt härter als der anstehende?

Es ist tatsächlich so, dass ein Annehmen des vorher losen Zügels härter wirkt als eine Verstärkung des Zügeldrucks bei einem schon leicht anstehenden Zügel. Kommt das Zügelsignal jedoch kurz und mit vom Reiter bewusst kontrollierter Stärke, so ist das bedeutungslos.

Jede Einwirkung mit dem Zügel ist immer nur so hart, wie sie der Reiter macht. Ein gefühlvoller Reiter wird den losen Zügel sanft annehmen und das Pferd durch ein kurzes »Zupfen« im vorher unbehelligten Maul darauf aufmerksam machen, dass nun eine Parade kommt und es sich gefälligst ein wenig »zusammennehmen« (sprich versammeln, aufnehmen) soll. Den anstehenden Zügel wird er mit wenig Zug anstehen lassen und rechtzeitig nachgeben. Die Unterschiede zwischen dem losen Zügel und dem minimal anstehenden sind viel kleiner als viele Reiter annehmen!

Eine wirklich differenzierte Einwirkung ist jedoch am losen Zügel eher schwerer als am minimal anstehenden.

Mischen ist möglich

Ich denke: Jede Art der Zügeleinwirkung ist richtig, wenn sie auf Dauer zur vermehrten Sensibilität des Pferdes und zu schnellerer Reaktion auf die Hilfen führt. Und wenn dafür eine Mischung aus losem und anstehendem Zügel nötig ist, dann ist das in Ordnung.

Der Zweck heiligt zwar nicht immer die Mittel, doch wenn eine Abweichung von der Norm (des gewählten Reitstiles) eine Verbesserung ohne Zwangsmittel (z.B. Hilfszügel) bewirken kann, so sollte man abweichen und nicht auf der »reinen Lehre« beharren: Dem »kleinen Büffel«, der sich auf die Hand legt, verweigert man durch das deutliche Loslassen des Zügels die Stütze. Beim sensibilisierten und weiter ausgebildeten Pferd können durch eine feine, leichte Zügelverbindung zwischen Hand und Maul feinste Signale übermittelt werden. Beide Methoden sind mischbar bzw. in verschiedenen Ausbildungsphasen anwendbar.

Beide Hände müssen immer gleich hoch über dem Widerrist stehen.

Eingeschränkt falsch: Das gilt nur bei gut und weit ausgebildeten Pferden, deren Haltung, bzw. Ausführung der Lektionen gerade nicht korrigiert werden muss. Allerdings ist die Ausbildung eines Pferdes (und Reiters) niemals völlig beendet. Jedes weit ausgebildete Pferd kann noch besser werden oder braucht hin und wieder eine »Auffrischung«, wenn sich der »Schlendrian« eingeschlichen hat.

In vielen Korrektursituationen dürfen und sollen die Hände sich durchaus von der Idealstellung rechts und links vom Widerrist entfernen. Eine Abweichung muss jedoch immer kontrolliert und Zweck gebunden erfolgen und zurückgenommen werden, sobald sie ihren Zweck erreicht hat (wie jede andere Hilfe auch). Die innere Hand darf sich bei Bedarf stark nach oben, nach vorne-oben und zur Seite (nach innen) bewegen, allerdings nicht nach hinten (ziehen) und unten (herunterdrücken). Die äußere Hand kann nach außen und notfalls auch nach oben genommen werden.

Wichtig bei allen Aktionen mit der Hand ist eine adäquate, schnelle Anpassung der Zügellänge

Pferde, die sich der Zügelwirkung entziehen wollen, haben ein großes Repertoire an Ausweichmanövern parat – das Verwerfen im Genick gehört dazu.

Das Spielchen mit dem Verwerfen funktioniert auch an der Doppellonge.
Beim Verwerfen hilft nur das kurzfristige Loslassen eines oder beider Zügel.

Seitliche Stellung mit der hohen, seitwärts geführten Hand.

Ein Pferd, welches sich ständig hinter dem Zügel verkriecht, wieder hoch holen.

(nachlassen oder verkürzen), um unerwünschte Aktionen des Pferdes zu verhindern und sich als Reiter nicht selbst aus dem Gleichgewicht zu bringen, z.B. indem man sich den zu langen Zügel »in den Bauch« zieht (und dabei das Becken fälschlich kippt); oder beim zu kurzen Zügel den Arm ganz ausstreckt und damit seinen Sitz versteift (s.o.).

Die hohe Hand und deren Korrekturwirkung

Besondere Bedeutung kommt einem Anheben der inneren Hand als Instrument der Genickkontrolle des Pferdes zu. Bewegt der Reiter seine innere Hand soweit nach oben, dass er mit dem Gebiss die Maulwinkel des Pferdes nach oben zieht, so bewirkt er damit, dass das Pferd das Maul leicht öffnet. Dieses Öffnen des Maules entspannt den Kiefer des Pferdes; war es im Kiefer- und Halsbereich verspannt, so lässt sich diese Spannung durch ein extremes Anheben der Hand mit leichter Zügelwirkung nach oben beseitigen. Manche Pferde, die vorher den Hals aus der Schulter hochgedrückt, die Zähne zusammengebissen und sich im Genick festgehalten haben, kippen bei einem solchen Anheben der inneren Hand sofort im Genick ab und lassen den Hals fallen.

Verwechseln Sie diese rein nach oben wirkende Zügelhilfe jedoch nicht mit einem, wie auch immer gearteten Ziehen nach rückwärts-oben oder schräg nach hinten-oben über den Mähnenkamm.

Die richtige hohe Hand wirkt kurz und sanft fast senkrecht nach oben und weit vorne und sie bewirkt Entspannung des Pferdemaules und in der Folge des Genicks. Die falsche hohe, zu lange ziehende Hand hat Tendenz nach hinten und bewirkt ein vermehrtes Festbeißen des Pferdes, also noch stärkere Verspannung in Maul und Genickbereich statt Entspannung.

Richtig angewandt kann die hohe Hand sogar Pferde, die sich ständig hinter der Senkrechten verkriechen, wieder vor die Senkrechte holen. Dafür werden kurzfristig beide Hände extrem nach oben genommen (siehe Abbildung links unten).

Die hohe, weit vorne wirkende, innere Hand ist auch in Verbindung mit einer seitlichen Abstellung z.B. im Schulterherein hilfreich, weil sie »im gleichen Arbeitsgang« zwei Fehler verhindert: 1. dass der innere Zügel nach hinten gezogen wird 2. und dass das Pferd das Maul festmacht.

Die Angst des Reiters vor Kontrollverlust und deren Auswirkungen auf die Zügeleinwirkung

»Über dem Zügel«

Die meisten Reiter haben so viel Angst davor, dass ein Pferd über dem Zügel gehen könnte, dass sie es in Kauf nehmen, das Pferd einzuzwängen und hinter dem Zügel zu reiten. Das liegt vermutlich daran, dass das Pferd über dem Zügel sehr schlecht kontrollierbar ist. Es kann sich der Einwirkung des Zügels aktiv widersetzen. Es kann mit dem Hals nach hinten schlagen, den Kopf hochreißen, eine Zügeleinwirkung total ins Leere laufen lassen. Es wird dies aber normalerweise nicht tun, wenn der Reiter es von vornherein in eine funktionell richtige Haltung bringt und nicht zusammenschnürt – wenn der Reiter

Das Loslassen beider Zügel überprüft die Selbsthaltung des Pferdes.

Zuviel Einwirkung am inneren Zügel nach hinten macht die Pferde kopflastig und führt oft zum Verwerfen im Genick.

Der losgelassene innere Stellungs-Zügel hilft viele Probleme vermeiden.

Ist das Pferd stark über dem Zügel, so hat der Reiter kaum noch Einwirkungsmöglichkeiten. Die einzig mögliche Korrektur ist die Biegung.

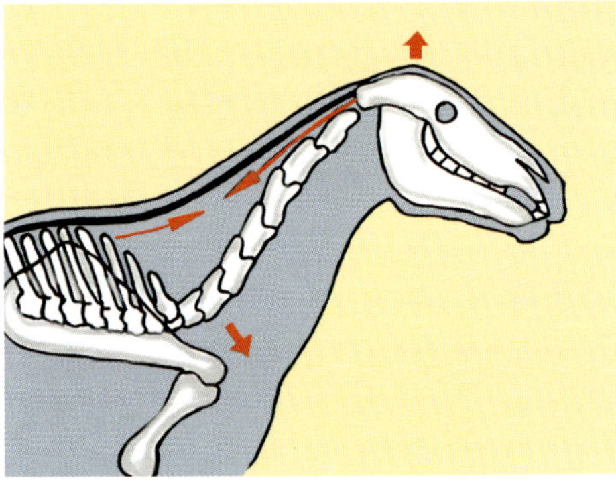

Über dem Zügel: Das Halsfundament wird nach unten gedrückt, der Oberhals verkürzt sich.

gelernt hat, den Zügel im richtigen Moment loszulassen.
Es setzt allerdings Vertrauen ins Pferd voraus, den Zügel loszulassen und dem Pferd zu erlauben, eine natürliche Haltung einzunehmen. Vertrauen, dass das Pferd diese Freiheit nicht ausnutzt, nicht vorwärts stürmt, nicht bockt oder sonst etwas tut, was den Reiter in Schwierigkeiten bringen könnte. (Wie man dieses Vertrauen bekommt, wird im Abschnitt Vertrauensaufbau genauer erläutert.)

Ein großes Problem ist, dass ein Pferd, welches jahrelang hinter der Senkrechten gearbeitet worden ist, in der Halswirbelsäule so verkrümmt ist, dass es eine funktionelle Kopf- und Halshaltung kaum mehr einnehmen kann. Lässt der Reiter bei einem solchen »verbogenen« Pferd den Zügel los, so kommt das Pferd automatisch über den Zügel.

Pferde, die von Anfang an mit losem Zügel und ohne Längsbiegung geritten werden, gehen normalerweise auch über dem Zügel (sind aber meist schnell über Biegearbeit zu korrigieren).

Das »Über-dem-Zügel-Gehen« kommt hauptsächlich im Westernbereich vor, wenn das Konzept des losen Zügels missverstanden wurde. So gerittene Pferde haben nicht gelernt, einem Druck im Maul nachzugeben, das Gebiss (bzw. den Nasenriemen einer gebisslosen Zäumung) als Kommunikationsmittel zu akzeptieren. Deswegen können sie nicht oder nur schlecht gebogen werden. Bei einem Pferd mit idealem Reitpferde-Exterieur mag das noch eine Weile funktionieren, ohne dass es den Rücken hängen lässt. Es sieht sogar optisch oft ganz gut aus. 90% aller Pferde haben jedoch das eine oder andere Problem mit dem Reitergewicht. Sie müssen deswegen »das Gebiss annehmen«, d.h. eine kontrollierende (stellende und begrenzende) Einwirkung mit der Reiterhand zulassen, ohne sich dagegen zu wehren. Andernfalls ist keine gymnastizierende Biegearbeit, d.h. keine Ausbildung zum eigentlichen Reitpferd möglich.

Das Konzept des »losen Zügels« als Ausbildungsziel

Der lose Zügel ist das Ziel der Western-Ausbildung – und zudem eines, welches für Dressur-

Leicht über dem Zügel; man kann deutlich die Spannung im Schulter- und Halsbereich sehen. Die Reiterin setzt zur richtigen Korrektur durch seitliche Stellung an.

Auseinandergefallen und über dem Zügel. Das Pferd ist kopflastig und setzt sich gegen den Versuch, es zu biegen durch Kippen über die innere Schulter zur Wehr.

pferde durchaus auch erreicht werden sollte, wenn eine Minimierung der Hilfen und eine Leichtheit der Bewegungen angestrebt wird.

Das fertig ausgebildete Pferd (egal in welcher Reitweise) sollte in Selbsthaltung gehen und den Zügel als feinstes Kommunikationsmittel akzeptieren.

Das erreicht man jedoch weder damit, dass man die Haltung mit dem Zügel erzwingt (s.o.) noch damit, dass man den Zügel einfach nicht anfasst. Der Mittelweg ist angesagt: so viel wie nötig (um das Pferd biegen zu können und seinen Rücken in der Dehnungshaltung anzuheben), so wenig wie nötig (damit das Pferd das Gebiss nicht als Zwangsmittel empfindet und sich dagegen wehrt.).

Der Mittelweg ist auch die Schnittstelle zwischen den Reitweisen – der Weg, auf dem sich das Beste aus allen Methoden trifft. Er liegt dort, wo sich auch die Extreme der verschiedenen Auffassungen vom Reiten treffen könnten. Dort, wo sich das Wohl des Pferdes mit entspanntem Reiten verbindet.

Dieser Mittelweg ist erreichbar durch ein Hilfensystem, welches auf den Grundlagen Einfühlungsvermögen, Logik und Kenntnis der Anatomie basiert.

Zurück zum losen Zügel: Das junge Pferd kann nicht einfach am durchhängenden bzw. losen Zügel geritten werden, weil es je nach Exterieur entweder über dem Zügel geht oder einfach den Hals hängen lässt und auseinander fällt. Beides schadet dem Rücken und lässt keinen adäquaten Muskelaufbau an den für ein Reitpferd wichtigen Stellen zu.

Das Pferd muss lernen, einem einseitigen Zügelanzug durch seitliche Abstellung des Halses

Gute Haltung vor der Senkrechten mit offenen Ganaschen. Trotzdem hat der Kandarenzügel relativ viel Spannung, was nicht wünschenswert ist.

nachzugeben. Tut es das, kann der Zügel wieder nachgegeben werden – das Pferd empfindet das Loslassen als Belohnung und weiß, dass es durch Nachgeben in die richtige Richtung seine »Halsfreiheit« wieder erhält. Der Zug am Zügel muss möglichst kurz sein (und nötigenfalls mehrmals wiederholt werden), damit das Pferd keinen Gegendruck aufbauen kann, sich nicht »auf den Zügel legen« kann. Wird dieses Konzept des leichten Zupfens am Zügel mit sofortigem Loslassen bei erwünschter Reaktion des Pferdes konsequent beibehalten und arbeitet der Reiter mit den Gewichtshilfen in ähnlich konsequenter, minimalistischer Form, so reagiert das Pferd schließlich auf feinste Signale. Doch das erfordert Jahre geduldiger Ausbildungsarbeit, an deren Ende dann der minimal durchhängende (lose), einhändig geführte Kandaren-Zügel steht – und ein Pferd, welches zu 80% auf Gewichtshilfen und nur noch zu 20% auf Zügeleinwirkung (hauptsächlich des äußeren Zügels) reagiert.

Kontrolle durch Vertrauen statt durch Zwang

Durch eine gute Vorbereitung des Pferdes am Boden (Boden- und Longenarbeit) kann Vertrauen erreicht werden. Wenn sich das (freie) Pferd am Boden vom Menschen kontrollieren lässt, so lässt es sich auch ohne Zwangsmittel vom Sattel aus kontrollieren, ohne dass der Reiter seinen Kopf »feststellen« muss (siehe psychologische Grundlagen).

Durch häufiges Reiten in Längsbiegung (Zirkel, Volten, Schulterherein) mit losem innerem Zügel kann jeder Reiter verhindern, dass das Pferd über dem Zügel geht oder sich auf den Zügel legt. Ein gebogenes Pferd kann den Hals nicht hoch- und den Rücken nicht wegdrücken. Und ein Pferd, welches am äußeren Zügel steht und nicht mit dem inneren Zügel in eine Wendung hineingezogen wird, läuft auch nicht über die äußere Schulter aus der Wendung hinaus oder kippt über die innere in sie hinein.

Konsequente Biegung und das Reiten am äußeren Zügel sind deswegen sowohl verantwortlich für eine funktionell richtige Haltung des Pferdes unter dem Reiter als auch für die sichere Kontrolle von Tempo und Richtung. Sie sorgen für die Losgelassenheit von Reiter und Pferd. Und schließlich ermöglichen sie eine Minimierung der Hilfen und des Energieaufwandes.

Die Kopfstellung allein sagt nichts über die Rücken- und Hinterhandtätigkeit des Pferdes aus.

Konsequente Biegung und das Reiten am äußeren Zügel:

bedingen eine funktionell richtige Haltung des Pferdes,

gewährleisten eine sichere Kontrolle von Tempo und Richtung,

sorgen für die Losgelassenheit des Pferdes,

ermöglichen eine Minimierung der Hilfen.

Die erzwungene Kopfhaltung und deren Folgen

Wenn der Reiter »genug« am Zügel zieht (notfalls mit scharfen Gebissen oder Schlaufzügeln), kann er die Kopfhaltung des Pferdes erzwingen – auch in der Aufrichtung. Die Resultate sind jedoch immer eine Nasenlinie hinter der Senkrechten, gespannte Bewegungen des Pferdes und häufig ein deutlich sichtbarer Unterhals. Besonders die mangelnde Losgelassenheit der Pferde, die so geritten werden, sollte eigentlich jedem auffallen. Tatsächlich wird jedoch häufig »Verspannt« mit »Kraftvoll« verwechselt und »Versammlung« mit »Zusammenziehen«. Leider bis in die höchsten Wettbewerbsklassen.

Abgesehen von der Schädlichkeit für das Pferd (Wirbelsäule, Muskulatur, Sehnen und Bänder) ist diese zusammengezogene Haltung auch für den Reiter nicht gerade bequem. Er müht sich beständig ab, um die Hinterbeine heranzuholen und kann schlecht sitzen. Er muss entweder jede Bewegung des Pferdes mit Kraft herausholen, weil das Pferd in dieser Haltung blockiert ist und nicht mehr freiwillig vorwärts geht. Oder er muss verhindern, dass das Pferd unter ihm wegläuft,

Der Reiter kann die Kopfhaltung des Pferdes zwar erzwingen – er tut sich und dem Pferd jedoch langfristig keinen Gefallen damit, denn die erzwungene Haltung geht auf Kosten der Bewegungsfreiheit und ist sogar ähnlich gesundheitsschädlich wie die Haltung über dem Zügel.

um sich durch »Flucht nach vorn« dem Zwang zu entziehen.

Es gibt Reiter, die behaupten, man könne ein Pferd nicht gegen seinen Willen in Haltung zwingen, weil es mehr Kraft im Hals habe als der Reiter im Arm. Leider stimmt das nicht, da viele Reiter mit List und Tücke vorgehen und das arme Pferd verschnüren wie ein Päckchen, so dass es sich nicht mehr gegen den Zwang wehren kann.

Die Entdeckung der Langsamkeit?

Eine Verbesserung der Haltung des Pferdes wäre mit Geduld und Reiten in Abstellung/Längsbiegung meist recht einfach (nicht schnell) zu erreichen. Doch für die langsame, Pferde schonende Ausbildung scheint heutzutage keiner mehr Zeit zu haben. Das Pferd ist zum Sportgerät gewor-

Das Zügelmaß muss ständig verändert werden – andernfalls kann es passieren, dass das Pferd die Reiterin, wie hier, mit ausgestreckten Händen nach vorne aus dem Sattel zieht.

den – es muss möglichst schnell möglichst große Leistung bringen, damit es ein paar Schleifen vom Turnier mitbringt. Und über dem Ehrgeiz, auf dem Turnier zu glänzen, werden die Grundlagen der Ausbildung vernachlässigt – sowohl die des Reiters als auch die des Pferdes. Oft geht auch noch der Spaß an der täglichen Arbeit verloren, weil die zu hoch angesetzten Ziele nicht schnell genug erreicht werden können. Es wird verbissen an den vermeintlichen Schwachstellen des Pferdes gearbeitet, statt die Grundlagen für deren Beseitigung zu festigen.

Von vorne nach hinten geht nicht …

Der Trugschluss, dass ein Pferd am Zügel stehen würde, wenn es nur die Nase tief hat, ist weit verbreitet. Und er führt dazu, dass viele Reiter versuchen, das Pferd über die Kontrolle der Kopfstellung zu reiten. Das heißt in der Fachsprache»sie reiten von vorne nach hinten«.

Ein weiterer Irrglaube ist, dass das Pferd den Rücken anhebt (über den Rücken geht), wenn der Oberhals einfach nur stark genug »gerundet« ist, die Halsmuskeln über das Nackenband die Dornfortsätze des Widerristes nach vorne ziehen und somit das Rückenband spannen.
Doch dafür reicht weder die Kraft der Muskeln im Oberhals des Pferdes aus, noch die Hebellänge des Halses (samt Gewicht des Kopfes) im Verhältnis zum Rumpf des Pferdes.
Die Muskeln im Oberhals sind schwach, der Kopf des Pferdes macht vielleicht 5% vom Gesamtgewicht des Pferdes aus … Wie also sollen Hals und Kopf aufgrund ihres Gewichtes und ihrer Hebellänge vor dem Widerrist den Rücken des Pferdes anheben können?

Wird der Hals mit dem »falschen Knick« gerundet, d.h. überdehnt, passiert – nach den Hebelgesetzen – genau das Gegenteil: Der Hals verkürzt sich, weil die Oberhalsmuskeln an den Dornfortsätzen des Widerristes ziehen, der Rumpf des Pferdes als Gegengewicht jedoch viel zu schwer ist, um etwas im Rücken zu bewirken. Stattdessen wird der leichtere Kopf zum Widerrist hingezogen, der Hals also kürzer.

Nun denkt jeder, der verkürzte Hals müsse auch in der Oberlinie hohl sein, auf keinen Fall aber »schön« rund, wie bei der Haltung hinter der Senkrechten.
Er muss es tatsächlich nicht.
Der Oberhals ist deswegen schön rund, weil er keine Arbeit leistet. Seine Muskeln sind entspannt. Beim »falschen Knick« ziehen (verkürzen sich) andere Muskeln – nämlich, diejenigen, die den Kopf oben halten und zur Brust hinziehen, die Muskeln im Unterhals.

Zügeleinwirkung

Ein dauerhaft zu kurzer Zügel führt dazu, dass Pferd und Reiter »gegeneinander ziehen«.

Ein loser Zügel muss rechtzeitig verkürzt werden, will sich der Reiter beim Annehmen nicht »die Hand in den Bauch« ziehen.

Funktionelle Zügeleinwirkung arbeitet immer mit den kürzest möglichen Impulsen.

Vor allem darf der Reiter dem Pferd niemals die Möglichkeit bieten, eine Stütze für verlorenes Gleichgewicht im Zügel zu suchen.

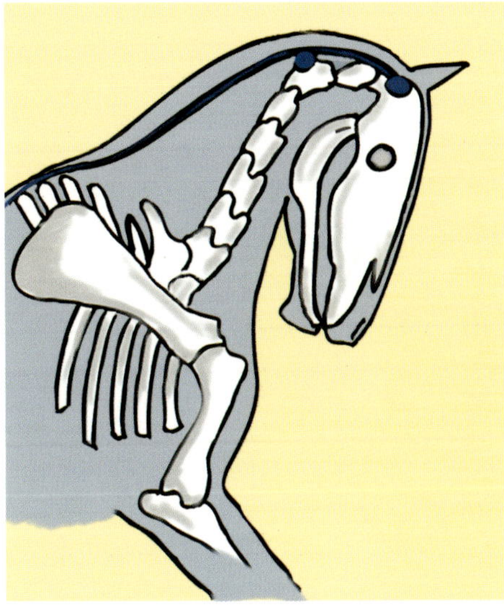

Wenn das Pferd zu eng im Hals wird, wird der Genickbereich überdehnt. Besonders der zweite Halswirbel wird eingeklemmt. Das Halsfundament wird nach unten gedrückt. Die Schulterfreiheit ist behindert, deswegen können die Vorderbeine nicht so weit vorgreifen, wie es dem Pferd ohne Verengung im Hals möglich wäre.

Die Zügellänge – Zu kurzer und zu langer Zügel

Zügel kürzer!?

Häufig hört man im Reitunterricht das Kommando »Zügel kürzer«. Und in den meisten Fällen ist dies eine Anweisung, die mehr Schaden anrichtet, als irgendeinen Nutzen hat.
Die meisten Reiter reiten sowieso schon viel zu viel mit der Hand (von vorne nach hinten statt von hinten nach vorne) und lassen dem Pferd zu wenig Bewegungsfreiheit in Schulter und Hals. Die Haltung des Pferdes wird am Qualitäts-Merkmal »Nase unten« gemessen – und wo Gleichgewicht, Rücken und Hinterhand bleiben ist zweitrangig. Wer schon einmal bei einem misslungenen Sprung gesehen hat, wie der Reiter mit dem nicht genug oder nicht rechtzeitig nachgegebenen Zügel den Rücken des Pferdes praktisch nach unten »wegziehen« kann, der kann sich leicht vorstellen, dass das in der Dressur genauso möglich ist.

Der zu kurze Zügel zieht dem Pferd den Rücken weg. Und der Reiter mit zu kurzem Zügel neigt dazu, die Arme auszustrecken und verspannt so seine Schulter (siehe Funktionskreise Reiter, Seite 54ff).

Mit dem verkürzten Zügel aufrichten?

Wer denkt, er könne ein Pferd aufrichten, indem er einfach den Zügel verkürzt und versucht, es am Zügel »hochzuheben«, ist gewaltig auf dem Irrweg. Aufrichtung ist das Resultat von Versammlung. Und Versammlung beginnt mit dem Untersetzen der Hinterhand. Wenn der Zügel zu kurz ist, kann die Hinterhand nicht untertreten und die Schultern des Pferdes sind blockiert; wenn die Schultern blockiert sind, kommt die Vorhand nicht hoch (siehe Kopfhaltung des Pferdes, Seite 76ff).

Der Reiter darf dem Pferd nicht erlauben, gegen die Hand zu ziehen, sondern muss ihm konsequent eine Stütze im Zügel verweigern.In der Situation auf diesem Bild würde das bedeuten: Zügel loslassen, damit das Pferd sich wieder selbst trägt und seinen Kopf nicht vom Reiter tragen lässt.

Gefühllvolles Annehmen und Nachgeben ist nur ohne Hilfszügel möglich. Nur die gute Reiterhand kann erfühlen, auf welcher Seite kurzfristig mehr und und wo weniger Spannung benötigt wird. Das Bild zeigt eine saubere Innenstellung.

Das Pferd wird also einem Verkürzen der Zügel mit Ausweichmanövern begegnen: Es zieht das Kinn ein und weicht dem Zügel nach hinten aus. Noch schlimmer: es arbeitet rückwärts statt vorwärts – es knautscht sich zusammen. Oder es versucht, gegen den Zügel anzukämpfen, legt sich darauf oder geht gegen bzw. über dem Zügel.

Ein zu kurzer Zügel zwingt das Pferd, am Zügel zu ziehen und den Reiter, wiederum dagegen zu ziehen.

Der lange Zügel zieht?

Nun gibt es auch die gegenteilige Aussage: »Der (zu) lange Zügel zieht.«

Paradoxerweise stimmt diese Aussage auch – allerdings mit kleinen Einschränkungen.

Will der Reiter einen zu langen Zügel annehmen, so muss er mit der Hand rückwärts wirken. Er »zieht sich die Zügel in den Bauch« und kippt dabei durch das Einziehen des Bauches sein Becken in die Stellung, welche die Rückenbewegungen von Pferd und Reiter hemmt.

Auch der westernmäßig lose Zügel ist prinzipiell ein langer Zügel. Trotzdem muss er nicht zwangsläufig ziehend wirken. Entweder er wird seitwärts wirkend eingesetzt oder er wird vor einer begrenzenden Einwirkung schnell etwas nachgefasst und hinterher wieder länger gelassen.

Der springende Punkt beim längeren oder losen Zügel ist die impulshafte Wirkung. Dem Pferd wird durch die extrem kurze Dauer des »Zügelzupfers« keine Zeit gegeben, sich gegen den Zügelanzug zu wehren, sich auf den Zügel zu legen oder gegen die Hand zu ziehen. Der Reiter lässt Zügel (und Becken) sofort wieder los. Beide

Unter den Hilfszügeln ist das Chambon der einzige, der dem Pferd beim Senken des Halses genug Spielraum zum Dehnen vorwärts-abwärts lässt. Durch die Schnallung von Pferdemaul/Trensenringen nach oben zum Genick und dann zum Sattelgurt ergibt sich eine ähnliche Wirkung wie die der hohen Hand zur Korrektur. Drückt das Pferd den Hals hoch, so wirkt das Chambon auf das Genick durch Druck nach unten und auf die Maulwinkel durch Zug nach oben. Das Pferd sollte dadurch das Maul leicht öffnen/entspannen und den Hals senken.

Partner haben so keine Chance, sich festzuziehen.

Für jede Art der Zügeleinwirkung – mit kürzeren und längeren Zügeln – gelten eigentlich die gleichen Richtlinien, will man Ausweichmanöver des Pferdes vermeiden und die (Zügel)Hilfen schließlich minimieren.

Es sind eigentlich nur 2 Haupt-Punkte: Funktionelle Zügeleinwirkung arbeitet immer nur mit kürzestmöglichen Impulsen.

Die Impulse sind nie nach hinten und nie nach unten gerichtet, sondern immer zur Seite oder nach oben.

Die eingeschränkte Wirksamkeit von Hilfszügeln

Statt »falsche« Haltungen als deutliches Warnzeichen dafür zu werten, dass das ganze Pferd aus der Balance gekommen und aus der richtigen (funktionellen) Haltung »herausgefallen« ist, wird häufig nur mit starren Hilfszügeln an der Kopfhaltung gearbeitet. Mit solchen »Besserungsversuchen« verschlimmert man jedoch das Problem, weil es kaum einen Hilfszügel gibt, der die gleichen Kommunikationsmöglichkeiten wie eine »weiche« Reiterhand hat. Vor allem das seitliche Herausführen des Zügels oder ein hohes Anheben der Hand gehen nicht mit Hilfszügel.

Die Starrheit der Hilfszügel ist das Problem. Kaum ein Hilfszügel kann so schnell belohnend nachgeben, wie eine »gute« Reiterhand. Das Pferd wird immer einen Weg finden, sich um eine starre Begrenzung herumzudrücken, wenn ihm die geforderte Haltung unbequem ist. Sein Repertoire an Ausweichmanövern im Bereich Kopf und Hals ist groß, wie wir schon gesehen haben.

Wenn dem Pferd die funktionelle Haltung durch richtiges Reiten von vornherein bequem gemacht worden wäre, bräuchte nie jemand Hilfszügel (abgesehen vielleicht von einem blutigen Anfänger an der Longe). Und für die Korrektur eines Pferdes taugen Hilfszügel in den seltensten Fällen; da hilft nur ein guter, feinfühliger Reiter, der weiß, was er in jedem einzelnen Augenblick mit der Hand zu tun hat und der vor allem weiß, dass die Hauptkunst bei der Zügeleinwirkung im rechtzeitigen Loslassen liegt.

Ausnahme bildet das Chambon, das dem Pferd den Weg in die korrekte Dehnung zeigt, ohne diese Dehnung gleich wieder einzuschränken und die Nase nach hinten zu ziehen. Aber das nur

Das Manöver sieht zwar spektakulär aus. Trotzdem ist das Pferd zu eng im Hals, der innere Zügel steht zu stark an.

Das gleiche Pferd mit guter Hals- und Kopfhaltung: freie Aufrichtung, Nase vor der Senkrechten.

am Rande, denn über Hilfszügel wollen wir uns in diesem Buch nicht unterhalten – allenfalls deren weitgehend schädlichen Gebrauch kurz anreißen.

Den Kopf kontrollieren – was bringt uns das?

Es ist einfach, die Kopfhaltung des Pferdes zu kontrollieren, wenn die Zügel kurz sind. Das Pferd ist gefangen in dieser beschränkenden Zügeleinwirkung. Aber was haben wir davon, den Kopf in dieser Stellung festzuhalten? Wenn das Pferd zu eng im Hals wird, dann funktioniert der Rest seines Körpers nicht richtig. Es tritt nicht mit den Hinterbeinen vor, es schwingt nicht im Rücken, die Verbindung zwischen hinten und vorn ist blockiert – was also nützt uns der »gefangene« Kopf?

Die Antwort ist: Überhaupt nichts. Funktionelle Kopfhaltung ist das Resultat funktioneller Gesamthaltung des Pferdes mit aktiver Hinterhand. Umgekehrt funktioniert die Verkettung nicht.

Eine funktionelle Gesamthaltung des Pferdes wiederum wird durch einen funktionellen Sitz des Reiters (siehe Seite 33ff), Verzicht auf Zwangsmittel und Funktionsgymnastik für das Pferd erst ermöglicht.

Prioritäten umkehren

Um erfolgreicher mit seinem Pferd arbeiten zu können, muss die Gewichtung umgekehrt werden. Priorität haben Gleichgewicht, Rückentätigkeit und Hinterhand des Pferdes; dort sitzen Motor (Hinterhand) und Verbindungs-/Schaltstelle (Rücken). Die Hals- und Kopfhaltung ist zweitrangig – zumindest solange durch die Zügeleinwirkung die Balance des Pferdes nicht gestört wird (Hals = Balancierstange). Sie ergibt sich über eine korrekte Arbeit in der Dehnung und vor allem später in der Längsbiegung.

Funktionell richtige Kopfhaltung des Pferdes ist das Resultat funktionell richtiger Gesamthaltung mit aktiver Hinterhand.

Wird das Pferd zu eng im Hals, so funktioniert der Rest seines Körpers nicht mehr richtig.

Die gedehnte Haltung mit aktiver Hinterhand. Die Kopfhaltung ergibt sich aus der Gesamthaltung des Pferdes.

Wenn die Hinterhand nicht untertritt, findet das Pferd immer einen Weg, der Zügelwirkung auszuweichen – wie hier nach hinten.

Viele Pferde entspannen sich zum Beispiel sofort im Schulterbereich, wenn sie vorne losgelassen werden und sich nicht mehr gegen eine unnatürliche Kopf-Hals-Haltung wehren müssen bzw. nicht mehr mit einem rückwärts wirkenden inneren Zügel in Wendungen hineingezogen werden. Ein seitwärts wirkender innerer Zügel, die seitwärts hoch herausgeführte innere Hand sind nötig, um das Pferd korrekt in die Wendung zu stellen. Diese weiten Handbewegungen sind leider in der hierzulande gebräuchlichen Ausbildung verpönt, genauso wie der lose Zügel der Westernreiter. Beide zu Unrecht, denn sie erlauben bei jungen oder zu korrigierenden Pferden eine Abstellung im Hals, die das Pferd nicht eng werden lässt.

Pferde, die etwas »kurze«, schwunglose Bewegungen zu haben scheinen, profitieren von dieser Art der Arbeit ungemein. Ich sage »zu haben scheinen«, weil man durch Re-Sensibilisierung des Pferdes, durch ein konsequentes »Wegreiten von der Hand« und durch Aktivieren der Hinterhand und des Rückens solche stumpfen Bewegungen deutlich verbessern kann. Der Raumgriff der Vorderbeine erweitert sich innerhalb kürzester Zeit, wenn die Schulter nicht mehr durch falsche, rückwärts wirkende Zügeleinwirkung blockiert wird. Fordert man dann durch leichtes Zupfen am inneren Zügel etwas Stellung nach innen, fangen die Pferde an, sich aus der zuerst zu freien, vorgestreckten Halshaltung nach vorwärts abwärts zu dehnen, ohne die Schulter zu blockieren.

Nun reagiert jedes Pferd ein wenig anders auf solche »Behandlung« – es gibt jedoch auch unzählig viele Nuancen des Loslassens und unzählig viele Möglichkeiten, ein Pferd über das Reiten bestimmter Lektionen auf die Hinterhand zu »setzen« und/oder zu entspannen.

Der äußere Zügel

Der äußere Zügel kontrolliert Tempo und Stellung des Pferdes.

Natürlich sind diese weit ausholenden Handbewegungen keine Dauerlösung, sondern mehr oder weniger kurzfristige Korrekturinstrumente. Doch sieht man sich um und erkennt, wie viele Pferde wirklich mit dem kurzen Zügel »festgezogen« werden, so ist ein kurzfristiger Verzicht auf die Zügelanlehnung keine schlechte Alternative. Auch, wenn die Haltung des Pferdes für den ungeschulten Beobachter gewöhnungsbedürftig ist!

Wenn das Pferd nach einiger Zeit in dieser »freieren Arbeit« wieder locker geworden ist, kann damit begonnen werden, den Zügelkontakt langsam erneut aufzubauen. Durch Biegearbeit in den Seitengängen (vor allem Schulterherein) bekommt man das Pferd an den äußeren Zügel, so dass der innere Zügel »frei« wird. Ein gut am äußeren Zügel stehendes Pferd kann den inneren Zügel weder als Stütze benutzen noch kann es sich hinter ihm verkriechen, denn der Reiter ist nicht mehr auf den inneren Zügel als »Lenkinstrument« angewiesen; er kann den Kontakt am inneren Zügel aufgeben, wann immer es ihm beliebt.

Die immense Bedeutung des äußeren Zügels

Innerer und äußerer Zügel haben verschiedene Aufgaben zu erfüllen. Deswegen ist es wichtig, dass der Reiter den Einsatz dieser beiden Zügel ganz bewusst voneinander trennen kann. Diese unterschiedliche Handhabung der beiden Zügel ist eines der wichtigsten Merkmale einer unabhängigen, weichen Hand.

Der äußere Zügel ist immer der auf der gedehnten Seite des gebogenen Pferdes und dient vorrangig der Kontrolle.

- 1 Er verhindert, dass das Pferd in Wendungen »über die äußere Schulter wegläuft« (Kontrolle der äußeren Schulter).
- 2 Er ist zuständig für die gleichmäßige Längsbiegung: Er begrenzt die Abstellung des Halses nach innen in Wendungen und Seitengängen (er verhindert, dass das Pferd einfach nur im Hals abknickt und den Körper gerade lässt).
- 3 Er kontrolliert das Tempo und die Aufrichtung/Versammlung – Paraden werden fast immer am äußeren Zügel gegeben.
- 4 Er wirkt speziell in den Seitengängen auf das Hinterbein, welches übertreten soll.
- 5 Bei fertig ausgebildeten Westernpferden wirkt der außen angelegte Zügel zudem als loser »Druckzügel«, dem das Pferd auch ohne Druck im Maul mit dem Hals nach innen ausweicht.

Diese Ausweich-Reaktion ist jedoch nur eine minimierte Variante des auch in der klassischen Reitweise geforderten »Reitens am äußeren Zügel«.

Der äußere Zügel ist derjenige, der möglichst eine Verbindung zum Pferdemaul hält und der notfalls etwas stärker angenommen werden kann. Die äußere Hand steht im Allgemeinen etwas tiefer als die innere und bleibt näher am Widerrist. Wie immer für eine funktionell richtige, der Situation angemessene Hilfengebung ist dies jedoch nur eine Richtlinie, die in Korrektursituationen durchbrochen werden kann. Manchmal kann es nötig sein, die äußere Hand nach außen vom Widerrist wegzuführen (breitere Zügelführung), um das Pferd davon abzuhalten, sich im Genick oder im Hals zu verwerfen. Es gibt Pferde, die bringen es fertig, den Hals in eine seitlich geschlängelte Zickzacklinie zu verknautschen. Diese müssen mit gedehntem (gelängtem) Hals gleichmäßig gebogen werden und trotzdem am äußeren Zügel stehen. (Nur in der maximalen Länge bekommt man einen »verbogenen« Hals wieder gerade.) Bei solchen Pferden kann eine sehr breite Zügelführung helfen.

Der innere Zügel ist der auf der hohlen Seite des Pferdes und ein reiner »Stellungszügel«.

Er sorgt fast ausschließlich für die Abstellung des Pferdes nach innen bei allen Biegeübungen.

Die innere Hand kann seitwärts in Richtung einer Wendung herausgeführt werden. Das Pferd folgt mit der Nase der Hand des Reiters. Ein weites seitliches Herausführen ist jedoch nur bei ganz jungen Pferden und für Korrektursituationen nötig. Der äußere Zügel muss bei solchen Abstellungen soviel nachgegeben werden, dass sich das Pferd mit langem Hals (Dehnungshaltung) in die Wendung stellt, dann jedoch sofort wieder begrenzenden Kontakt aufnehmen. Ist die gewünschte Abstellung erreicht, wird der innere Zügel arbeitslos und soll nachgegeben werden. Das Nachgeben kann in verschiedenen Intensitäten erfolgen: von einer Druckminderung bis hin zum völlig losen, durchhängenden Zügel.

Innere und äußere Hand des Reiters haben völlig verschiedene Aufgaben. Wie beim Klavierspielen müssen deswegen die Bewegungen von beiden Händen entkoppelt werden.

Breite Zügelführung mit nach innen herausgeführtem Stellungszügel bei jungen Pferden.

Wichtig ist dabei, dass das Pferd tatsächlich am äußeren Zügel steht, wenn der innere nachgegeben wird. Und dass der Reiter mit seinen Gewichtshilfen die geforderte Lektion richtig unterstützt, d.h. den richtigen Gesäßknochen belastet. Nur dann kann Stellung und Haltung des Pferdes sicher kontrolliert und erhalten werden. Unerfahrene, junge oder steife Pferde versuchen bald, sich in einer Wendung wieder (nach außen) umzustellen. In diesem Fall muss mit dem inneren Zügel nachkorrigiert werden. Er wird kurzfristig wieder nach innen herausgeführt, wobei der äußere Zügel wieder etwas nachgeben muss.

Dieses »Nachstellen« muss anfangs oft erfolgen und erfordert schnelles, sensibles »Umschalten« zwischen innerem und äußerem Zügel. Mit schnellem Umschalten und schnellem Nachgeben vermeidet man, ins Ziehen zu kommen.

Für den inneren Zügel gibt es zwei strikte Verbote, die für alle Reitweisen gelten:

- Er darf niemals nach hinten gezogen werden.
- Und er darf nicht nach unten ziehen.

In diese beiden Verbote fallen alle Varianten des rückwärts wirkenden inneren Zügels: das Herunterziehen des Zügels auf den Oberschenkel, das nach hinten »in den Bauch« ziehen, das schräg nach außen über den Mähnenkamm ziehen und auch das »Feststellen« der inneren Hand auf dem Widerrist.

Zwei Situationen als Beispiel für die unterschiedliche Wirkung von innerem und äußerem Zügel:

Abwenden – richtig und falsch

Viele Reiter leiten eine Wendung ein, indem sie einfach am inneren Zügel (nach hinten) ziehen und am äußeren nachgeben. Ein gutwilliges

Das richtig abgewendete Pferd folgt der Gewichtsverlagerung des Reiters und steht dabei weiterhin am äußeren Zügel.

Pferd wird diesen grob vereinfachten Hilfen vielleicht noch irgendwie folgen, wenn es ihm körperlich leicht fällt. Jedes andere Pferd wird der bei einer Wendung eigentlich geforderten Längsbiegung ausweichen, wenn es nicht durch geschicktes wechselseitiges »Taktieren« am Zügel in Verbindung mit richtiger Gewichtsverlagerung (siehe auch Blickrichtung/Kopfdrehung des Reiters, Seite 33ff) in die Wendung »hineingelockt« wird.

Richtigerweise muss das Pferd in einer Wendung unter das nach innen verlagerte Gewicht des Reiters laufen – und zwar am weitgehend untätigen inneren Zügel. Der seitwärts geführte, innere Zügel gibt nur am Anfang die Stellung vor – mehr bei einer engen Wendung, weniger bei einer weiteren. Macht das Pferd Anstalten, der

Der innere Zügel stellt.
Er wirkt seitwärts oder nach oben.
Er kann lose sein, wenn das Pferd am äußeren Zügel steht.

Der äußere Zügel kontrolliert Tempo, Stellung und Biegung.
Er hält ständige Verbindung zum Pferdemaul, allerdings mit wechselnder Intensität (»Gummiband«).

Gewichtsverlagerung des Reiters in die Wendung hinein zu folgen, so tritt sofort verstärkt der äußere Zügel in Kraft. Etwas stärker angenommen und Paraden gebend verhindert er,

■ 1 in Verbindung mit dem inneren Schenkel, dass das Pferd im Körper gerade über die innere Schulter in die Wendung hineinfällt, sich der Längsbiegung also komplett entzieht,

■ 2 in Verbindung mit dem äußeren Schenkel, dass das Pferd im Hals zu stark nach innen abknickt (sich damit der gleichmäßigen Längsbiegung entzieht) und über die äußere Schulter nach außen aus der Wendung drängelt.

Im zweiten Fall kann es zu Korrekturzwecken manchmal sinnvoll sein, innen und außen umzukehren und das Pferd z.B. auf dem Zirkel in Außenstellung zu reiten (siehe Korrekturen in Außenstellung).

Will sich das Pferd aus der Innenstellung herausmogeln, so wird außen kurz nachgegeben, dafür innen der Zügel wieder seitlich herausgeführt, mit sofortigem Wechsel zum Annehmen außen, sobald die Innenstellung wiederhergestellt wurde.

Wird dagegen einfach immer mehr und immer weiter am inneren Zügel gezogen, so hat das Pferd alle Freiheiten, sich gegen die Biegung zu wehren. Seine äußere Schulter ist frei für Ausweichmanöver (über die Schulter weglaufen); es kann mit der Nase nach hinten ausweichen und so die Zügeleinwirkung ins Leere laufen lassen; viele Pferde wehren sich auch nach oben gegen den einseitig rückwärts ziehenden Zügel (gehen über dem Zügel oder schlagen gar mit dem Hals) und entziehen sich damit fast jeder Kontrolle durch den Reiter.

Das innere Hinterbein mit dem äußeren Zügel beeinflussen

Beim Schulterherein kann das innere, übertretende Hinterbein mit dem korrekten Gebrauch des äußeren Zügels zum weiteren Vor- und Übertreten veranlasst werden.

Zur Verdeutlichung teile ich hier das Schulterherein in 4 Phasen auf:

■ Phase 1: Das Pferd wird vom Hufschlag nach innen abgewendet – eine ganz normale Wendung mit folgenden Hilfen: Gewicht des Reiters auf dem inneren Gesäßknochen, Blickrichtung in Bewegungsrichtung, Stellungszügel leicht verkürzt und kurz seitwärts nach innen geführt, äußerer Zügel leicht verlängert (nachgegeben) aber trotzdem Verbindung mit dem Maul haltend, innerer Schenkel am Gurt und äußerer hinter dem Gurt in »Hab-Acht-Stellung«, ohne Druck.

■ Phase 2: Das Pferd wendet ab; wenn es etwa 40–50° Abstellung vom Hufschlag erreicht hat, »überlegt es sich der Reiter anders« mit dem Abwenden. Er hält das Pferd in Innenstellung, wechselt aber die Blickrichtung und damit auch die Gewichtverlagerung (nach außen). Zudem

Schulterherein

Schulterherein im Schritt. Das Pferd tritt gut über und steht am äußeren Zügel. Die Reiterin ist jedoch in sich leicht seitlich »verbogen«. Sie hält die innere Hand zwar richtigerweise hoch, hat den Zügel aber zu lang und muss deswegen leicht rückwärts wirken.

treibt er das Pferd nun mit dem inneren Schenkel gegen den äußeren Zügel. Er schaut in die Bewegungsrichtung des nun geplanten Schulterhereins – bewegt er sich auf der langen Seite der ganzen Bahn, so schaut er geradeaus auf den Hufschlag, wobei das Pferd eine Abstellung von ca. 45° nach innen behalten und gebogen bleiben soll.

■ Phase 3: Er reitet nun also mit gebogenem Pferd geradeaus. Den Grad der Abstellung regelt er ganz allein durch die leichte Belastung auf dem äußeren Gesäßknochen und mit dem äußeren Zügel. Der innere Zügel kann lose hängen, der innere Schenkel desgleichen (beides wird jeweils nur kurz zum Abwenden in Phase 1 und zum Seitwärtstreiben in Phase 2 gebraucht). Das Pferd läuft nun in Bewegungsrichtung unter das Gewicht des Reiters, ist jedoch gegen die Bewegungsrichtung gebogen.

Will es sich nach außen umstellen, werden kurze Korrekturmaßnahmen erforderlich: Druck mit dem inneren Schenkel und Seitwärtsführen des inneren Zügels (Nachregeln). Diese müssen jedoch möglichst im Ansatz der Umstellungsabsichten des Pferdes erfolgen. Andernfalls kann eine »Neueinstellung« des Pferdes erforderlich werden, weil es sich schon zu weit von einer leicht korrigierbaren Haltung entfernt hat. Dazu beginnt man am besten die gesamte Übung von vorn.

■ Phase 4: Will der Reiter nun bei gut auf das Gewicht und den äußeren Zügel eingestelltem Pferd das innere Hinterbein zu stärkerem diagonalem Untertreten veranlassen, so verstärkt er nur kurzfristig die Zügeleinwirkung am äußeren

Zur Einleitung des Schulterhereins braucht man andere Hilfen als zu dessen Erhaltung.
Ein Pferd, das sich im Schulterherein befindet, wird nur mit Gewicht und äußerem Zügel kontrolliert. Innerer Zügel und innerer Schenkel sind im Normalfall »arbeitslos« und werden nur zum Nachkorrigieren gebraucht (wenn sich das Pferd umstellen will).

Zügel (halbe Parade) – und das innere Hinterbein wird aktiviert und tritt diagonal weiter vor.
Wer diese Wirkung einmal erfahren hat, versteht gar nicht mehr, warum viele Reiter sich im Schulterherein so abmühen. Ein Pferd, welches das Schulterherein so gelernt hat, bleibt ohne Mühe in der Schulterhereinstellung, bis der Reiter seinen Sitz verändert.

Viele Reiter versuchen, das Schulterherein durch vermehrtes Annehmen des inneren Zügels in Verbindung mit verstärktem Druck des inneren Schenkels und nach innen verlegtem Gewicht zu reiten (wie eine Wendung, jedoch mit stärkerem Druck des inneren Schenkels). Damit machen Sie sich und dem Pferd das Leben schwer. Ein gut auf Gewichtshilfen sensibilisiertes Pferd wendet auf Gewichtsverlagerung und Stellung mit dem inneren Zügel nach innen ab. Um ein Pferd mit solchen Hilfen im Schulterherein auf dem Hufschlag zu halten, muss der innere Schenkel extrem viel arbeiten, um alle Abwendehilfen zu »neutralisieren«. Im Sinne angestrebter minimalistischer Hilfen und leichter Eleganz kann das nicht sinnvoll sein.

Die Haltung des Pferdes dauernd verändern – nicht zu lange in Versammlung arbeiten

Bewegung ist dauernde Veränderung. Jede Art von Statik in einer Bewegung sollte deswegen vermieden werden. Das gilt auch für die Halshaltung des Pferdes. Deswegen sollte man dem Pferd immer erlauben, nach kurzen Reprisen versammelnder Arbeit seinen Hals zu dehnen, zu entspannen. Andernfalls kann es durchaus sein, dass das Pferd »Haltungs-Schmerzen« im Hals bekommt. Vor allem Pferde,

Einhändiges Schulterherein – durch Gewicht und äußeren Zügel ausgesteuert.

bei denen mit der Versammlung erst begonnen wird, halten diese noch nicht lange durch. Sie fordern dann oft vehement den »langen Hals«, das Abstrecken. Und das muss ihnen auch gewährt werden, will man vermeiden, dass sie irgendwelche unerwünschten Ausweichmanöver mit dem Hals vornehmen, um sich aus der unangenehm gewordenen Haltung herauszumogeln.
Wenn Sie alle Nuancen zwischen Dehnung und Versammlung beständig ausschöpfen (das Pferd wie ein Akkordeon dauernd auseinander ziehen – längen – und zusammenschieben), so bleibt das Pferd flexibel im Hals und aktiv in der Hinterhand. Die Aktivität der Hinterhand wird zu keiner Zeit blockiert – sie kommt immer vorne an und steht zum Lenken und zur Tempokontrolle zur Verfügung. Das Pferd reagiert dann auf ein Herauslassen der Bewegungsenergie, ein minimales Vorgehen mit der Hand, genauso prompt mit »Zulegen«, wie auf ein Zurücknehmen des Reitergewichts mit einem »Sich setzen«.

Zügellänge

oben und rechts: Die gute Hand muss beweglich sein und das Zügelmaß schnell verändern können. Das sieht nicht immer schön aus, ist jedoch zweckmäßig und hält Pferd und Reiter aufmerksam.

Treibende Schenkelhilfen werden auf diese Weise zunehmend unwichtiger, das Pferd läuft von allein und reagiert rein auf Gewichtsverlagerung. Nur bei Paraden und beim Einleiten von Wendungen und Seitengängen ist ein Schenkeldruck dann noch nötig.

Zügelmaß gemäß Haltung und Lektion verändern

Kein Reiter kann längere Zeit mit der gleichen Zügellänge reiten. Das Zügelmaß muss stattdessen dauernd verändert werden. Versammlung erfordert eine andere Zügellänge als Dehnung. Im Schritt müssen die Zügel normalerweise länger sein als im Trab, weil das Pferd im Schritt mit längerem Hals geht. Jede Lektion, jede Veränderung in der Haltung des Pferdes erfordert eine andere Zügellänge. Der äußere Zügel hat andere Aufgaben zu erfüllen als der innere – usw.

Allein während der Lektion Schulterherein muss der Reiter mehrmals die Länge von innerem und äußerem Zügel verändern sowie auch seine Handstellung.

Zur Einleitung des Schulterhereins wird der innere Zügel etwas kürzer genommen, die innere Hand führt das Pferd nach innen herein – wird bei unerfahrenen Pferden tatsächlich etwas nach

Eine schnelle und zweckmäßige Veränderung von Zügellänge und Zügelspannung sowie die strikte Trennung der Aufgaben von innerem und äußerem Zügel machen den feinfühligen Reiter aus und ermöglichen die Reduzierung der Intensität von allen Hilfen.

Häufige Veränderung der Haltung des Pferdes und seiner Körperspannung während der Arbeit verbessern die Losgelassenheit, Sensibilität und Reaktion auf die Hilfen.

innen hereingestellt. Sobald das Pferd sich in die Wendung stellt und biegt und schließlich abwenden will, wird der innere Zügel leicht nachgegeben (Hand leicht vor) und der äußere Zügel tritt stärker in Aktion. Er hält jetzt das Pferd in der Bewegungsrichtung. Der innere Zügel sollte nun arbeitslos sein und in Hab-Acht-Stellung abwarten, ob das Pferd evtl. erneut nach innen gestellt werden muss, weil es versucht, seine Stellung aufzugeben. Sitzt der Reiter jedoch korrekt in Bewegungsrichtung mit minimalem Gewicht auf dem äußeren Sitzknochen und steht das Pferd gut am äußeren Zügel, so braucht er außer dem äußeren Kontrollzügel keine weiteren Hilfen, um das Pferd in der einmal eingenommenen Stellung zu halten. Auch keinen inneren Schenkel mehr – der ist nur für die einleitende Biegung notwendig. Danach übernimmt der äußere Zügel alle Kontrollfunktionen hinsichtlich Abstellung und Biegung.

Die schnelle und adäquate Veränderung von Zügelmaß und Zügeldruck – die »schnelle und feinfühlige Hand« – ist eines der »Haupt-Markenzeichen« eines guten Reiters.

4.4 Der Zusammenhang Hinterhand-Pferderücken-Sattel-Reitergesäß

Um diese Schaltstelle frei und offen zu halten, müssen sowohl der Rücken des Pferdes als auch die Wirbelsäule des Reiters im Normalfall frei schwingen. Dazu braucht das Pferd eine aktive Hinterhand, muss sich selbst tragen (Halshaltung) und darf den Rücken nicht festhalten. Der Reiter darf keines seiner Körperteile »festhalten« und muss sich auf den Kontakt seiner Gesäßknochen mit dem Sattel konzentrieren. Er

muss allerdings das Pferd oft erst in eine funktionelle Haltung bringen. Dafür muss er nötigenfalls dessen Hinterhand (re-)aktivieren, ohne das Pferd oder sich selbst dabei unnötig zu verspannen.

4.4.1 Die Hinterhand richtig aktivieren

Die aktive Hinterhand des Pferdes – wie man sie mit minimalen Hilfen erreicht und erhält

Treibende Hilfen?

Prinzipiell heißt es in jeder vernünftigen Ausbildungslehre: Erhalten Sie während der Ausbildung den natürlichen Vorwärtsdrang des Pferdes.

Kommt dieser Vorwärtsdrang dauerhaft abhanden, so stimmt etwas im Training nicht. Dem Pferd wurde durch Fehler im Zusammenspiel der Hilfen der »Motor gedrosselt oder gar abgewürgt«, die Hinterhand tritt entweder nicht mehr genug vor oder die Energie verpufft in einem Bruch des Spannungsbogens im Rücken- oder Halsbereich.

Es kann zwar kurzfristig vorkommen, dass ein Pferd etwas »klemmt«. In diesem Fall muss es gelernt haben, auf feine treibende Hilfen zu reagieren, ohne dass der Reiter sich ständig mit dem Schenkel abmühen muss. Treibende Hilfen sind durchaus nicht nur Schenkelhilfen, sondern auch Stimmhilfen und Gertenhilfen und unter Umständen nachgebende Zügelhilfen (»Herauslassen der Bewegung«). Treibende Hilfen sind jedoch niemals »schiebende« Gewichtshilfen (siehe Funktionskreise Reiter, Seite 33ff). So etwas wie eine treibende Kreuzhilfe gibt es nicht, allenfalls ein Loslassen des Kreuzes, welches die Bewegung des Pferderückens ungehindert durchlässt (so eine Art »Durchlässigkeit« im Reiterrücken).

Im Normalfall nichts tun und sich nur von den Bewegungen des Pferdes »mitbewegen« lassen.

Unruhiger Unterschenkel – stumpfes Pferd

Ein unruhiger Unterschenkel stumpft das Pferd auf die Schenkelhilfen und damit auf ein wichtiges Instrument zur Aktivierung der Hinterhand ab; es gewöhnt sich daran, dass da dauernd etwas an seinen Bauch klopft und schottet sich

Auf die Hilfen abgestumpfte Pferde können und müssen re-sensibilisiert werden.

dagegen ab. Es lernt, die Störung zu ignorieren, ignoriert also logischerweise auch alle feineren Schenkelhilfen. Und Sie brauchen immer mehr und festeren Druck, um eine erwünschte Veränderung beim Pferd zu bewirken. Sporen, vor allem deren dauernder Einsatz, verschlimmern den Abschottungseffekt. Nötig ist eine Re-Sensibilisierung auf den Schenkel. Gerten- und Stimmhilfen können dafür eingesetzt werden. Zudem ist in der Re-Sensibilisierungsphase der kurzfristige Verzicht auf Zügeleinwirkung, die die Vorwärtsbewegung hemmt, angebracht. Eine Entlastung des Pferderückens ist außerdem sinnvoll. Jede Art von Vorwärtsbewegung (auch ein explosiver Satz nach vorn), die das Pferd in dieser Phase auf eine, wie auch immer geartete, vortreibende Hilfe anbietet, muss belohnt werden. Sie darf auf keinen Fall durch ein (gewolltes oder ungewolltes) Ziehen am Zügel oder durch einen Plumps in den Pferderücken behindert werden.

Im Gelände muss man die wenigsten Pferde vorwärts treiben; hier kann man sich im »Nichtstun« üben.

Schenkelhilfen minimieren

Wirksam im Sinne der angestrebten Minimalhilfengebung und Verfeinerung der Kommunikation kann eine Schenkelhilfe nur gegeben werden, wenn der Schenkel im Normalfall ohne Impuls abwartend am Pferd liegt – und zwar in jeder Gangart. Schenkelhilfen werden nur gegeben, wenn man eine Änderung des Status quo verursachen will – zum Anreiten aus dem Halten, zur Gangarten- und Tempoänderung, zur kurzfristigen Korrektur von unerwünschten »Ausweichmanövern« des Pferdes oder zum Einleiten der Seitengänge.

Zum Aufrechterhalten einer Gangart im gleichen Tempo, zum Weiterführen einer einmal eingestellten Wendung oder auch zum Weiterreiten in den Seitengängen genügt der adäquate Sitz mit einer der Lektion angemessenen Belastung der Gesäßknochen.

Bedeutet »an den Hilfen« dauerndes Treiben?

Ein dauerndes bewusstes Treiben desensibilisiert das Pferd genauso wie der (unbewusst) unruhige Unterschenkel. Es ist wie das ständige Reiten mit angezogenem Kreuz »Energieverschwendung«. Das Pferd schottet sich gegen die dauernde »Belästigung mit Hilfen« ab, wenn die Hilfen nicht nur für eine Veränderung des Status quo eingesetzt werden.

Das Pferd muss von allein vorwärts gehen

Es gibt nichts Schlimmeres, als ein Pferd, aus dem jede Vorwärtsbewegung »herausgequetscht« werden muss. Ein solches stumpfes Pferd lässt den Sitz des Reiters schlecht aussehen, wirkt schwerfällig und ist nur mit erhöhtem Kraftaufwand zu reiten.

Das Pferd ist ein »Bewegungstier«, es hat Freude an Bewegung an sich – und die darf ihm der Reiter nicht nehmen, indem er es einzwängt, d.h. vorne zu viel festhält und hinten dauernd treibt, womöglich noch dauernd mit dem Sporn stochert.

Es gibt zwar fleißigere und faulere Pferde, doch Vorwärtsdrang haben sie von Natur aus alle. Zähe, faule, steife oder stumpfe Pferde sind dies kaum von sich aus, sondern sie sind fast immer das Produkt schlechter Ausbildung und falsch verstandenen Rundreitens. Und sie sind korrigierbar, sofern sie nicht schon körperliche Schäden durch das falsche Reiten (siehe schädliche Halshaltungen, Seite 76ff) davongetragen haben.

Jeder Reiter mit Anspruch auf pferdegerechtes Reiten und Minimierung der Hilfen muss darauf achten, die prinzipiell bei jedem Pferd vorhandene Vorwärtstendenz nicht durch »Einzwängen« wegzureiten. Bei einem schon stumpf gerittenen Pferd kann die Frische und Vorwärtstendenz durch Verzicht auf einengende Zügeleinwirkung und viele Biegeübungen (mit seitwärts wirkendem inneren Zügel), sowie Tempo- und Gangartenwechsel wieder hergestellt werden.

Vorhandene Energie nutzen

Nur, wenn der Reiter vorhandene Energie nutzen kann, kann er schön und leicht reiten. Das Pferd muss diese Energie aus der Hinterhand erzeugen. Der Reiter kann und soll sie nicht erzeugen. Versucht er es, so sieht die Reiterei oft nach »Gewürge« aus.

Das Pferd muss also freiwillig vorwärts gehen. Nur dann hat der Reiter für erwünschte Veränderungen am Status quo sein gesamtes Hilfenrepertoire frei und kommt mit leichten und wenigen Hilfen aus.

Angenommen, der Reiter treibt – bewusst oder unbewusst – in jeder Vorwärtsbewegung geradeaus dauernd mit dem Schenkel (klopfender oder unruhiger Schenkel). Will er dann z.B. ein Schulterherein einleiten und braucht mehr inneren Schenkel für die Biegung, so muss er seinen sowieso schon ständig vorhandenen Druck verstärken, um dem Pferd zu sagen, dass er eine Veränderung möchte. Das führt auf Dauer zu einem Reiten mit immer mehr Druck (und deswegen vermehrter unnötiger Spannung im Reitersitz).

Lässt der Reiter seinen (treibenden) Schenkel aber untätig am Pferd, solange er nichts verändern will, kann er mit einem sehr leichten, kurzen Druck dem Pferd seine Veränderungswünsche vermitteln.

Für eine richtige Minimierung der Hilfen, für ein leichtes, schönes Reiten ist es deswegen unbedingt erforderlich, dass alle

Ein mit Minimal Hilfen gerittenes Pferd kann nicht eingezwängt, festgezogen oder überfordert werden.
Es kann sich gegen zu hohe Anforderungen oder widersprüchliche Hilfen zur Wehr setzen.

Schenkel- und Gewichtshilfen sind nur nötig, wenn eine Veränderung des Status quo angestrebt wird.

Eine Zügelhilfe kann auch zur Erhaltung der Aufmerksamkeit gegeben werden (Spielen mit dem Gebiss durch die Reiterhand).

Durch das Zurücknehmen des Halses zieht man dem Pferd den Rücken weg.

Hilfen nur eingesetzt werden, wenn eine Veränderung oder Korrektur beabsichtigt wird und nie, um eine Bewegung in gleicher Form aufrecht zu erhalten

Das ist eine Lehre, welche die Verfechter der modernen Dressurlehre von den Gebrauchsreitern übernehmen könnten. Auf diese Weise kann ein Pferd weder eingezwängt, festgezogen noch überfordert werden, denn es hat die Möglichkeit, sich gegen zu hohe Anforderungen oder gegen Hilfen, die sich widersprechen, zu wehren.

Die Hinterhand durch »Positionsänderungen« stärker belasten?

Den Hals zurücknehmen?

Es ist ein Trugschluss zu denken, dass das »Zurücknehmen« des Halses das Gleichgewicht des Pferdes in Richtung Hinterhand verschieben würde. Das kann nur die aktive Hinterhand mit Hankenbeugung bewirken. Wenn man die Aufrichtung des Halses so weit betreiben würde, dass eine Gleichgewichtsverschiebung nach hinten bewirkt würde, so würde man dem Pferd damit den Rücken total nach unten wegziehen. Und das ist so ziemlich das Schlimmste, was man einem Reitpferd antun kann.

Weiter hinten sitzen?

Einem ähnlichen Trugschluss unterliegt der Reiter, der denkt, er könne die Hinterhand des Pferdes damit stärker belasten, dass er sich weiter nach hinten auf den Pferderücken setzt oder den Schwerpunkt des Sattels weiter nach hinten verlegt. Mit diesen Maßnahmen belastet er das Pferd an seiner empfindlichsten Stelle im Rücken, nämlich der, die erstens zu weit vom »Stützpfeiler« Vorhand der zwischen Vor- und Hinterhand hängenden Wirbelbrücke entfernt ist und zweitens am stärksten schwingen sollte. Außerdem sitzt er nicht mehr über dem Schwerpunkt des Pferdes – zumindest beim jungen Pferd nicht.

Es gibt Westernsättel, die mit weit hinten liegendem Schwerpunkt gebaut sind. Doch erstens verteilen Westernsättel das Gewicht sowieso anders (breiter) auf dem Pferderücken. Und zweitens verfolgen sie damit einen anderen Zweck und sind für ausgebildete Reining-Pferde gedacht und nicht für junge Pferde, deren Rücken noch aufgebaut werden muss.

4.4.2 Paraden, Durchlässigkeit, Aufwölben des Rückens

Paraden zur Aktivierung der Hinterhand und des Rückens

Die aktiv untertretende Hinterhand hebt den Rücken des Pferdes an. Schiebt das Pferd die Hinterbeine weit unter (wie z.B. bei einer Parade aus dem flotten Trab zum Halten), so wölbt sich der Rücken stark auf. Rückenbewegung und Hinterhandaktivität hängen also direkt zusammen.

Damit das Pferd bei einer Parade auch wirklich die Hinterbeine zum Abfangen der Bewegungsenergie benutzt und sich nicht (teilweise) auf die Hand des Reiters legt, muss der Reiter ihm konsequent die Stütze mit der Hand verwehren. Er darf nie ins Ziehen kommen (siehe auch Zügelmaß dauernd korrigieren, Seite 121ff), also einen Zügelimpuls nie zu lange »durchhalten«.

Wer den Zügel bei einer Parade zu kurz hat, gerät in Gefahr, zu ziehen. Das Gleiche gilt für den zu langen Zügel, wenn er nicht als loser Zügel, d.h. mit kurzen Impulsen (Zupfern) benutzt wird. Hier sind wir zum einen beim Thema »Zügelmaß ständig korrigieren«, zum anderen sind wir beim Thema »rechtzeitig nachgeben«.

Ganze und halbe Paraden

Langes Reiten in gleicher Gangart und gleichem Tempo macht das Pferd unaufmerksam und gymnastiziert nicht. Richtiges Muskeltraining braucht dauernde Veränderung in der Muskelspannung. Aufmerksam und wach erhält man das Pferd mit ständiger Beschäftigung: Veränderung der Gangarten und des Tempos sowie häufigen

Breite Führung am losen Zügel bei einem jungen Westernpferd. Paraden am losen Zügel werden durch kurze »Zupfer« gegeben.

Richtungswechseln (siehe auch Biegung). Dafür braucht der Reiter seine halben Paraden; er bereitet alle Veränderungen mit ihnen vor: Gangartenwechsel, Tempowechsel, Stellungs- und Richtungswechsel.

Die ganze Parade ist immer eine zum Halten – aus jeder Gangart. Aus dem Schritt ist sie einfach und eine reine Gehorsamsübung, aus dem Galopp eine schwere gymnastizierende Übung mit hohen Anforderungen an Muskulatur (Hankenbeugung) und Gleichgewicht des Pferdes.

Rechtzeitig nachgeben

Jede Art von Zügeleinwirkung bei einer Parade besteht aus Annehmen und Nachgeben. Im

Je kürzer das Annehmen und je schneller das Nachgeben bei einer Parade erfolgt, desto besser. Damit verweigert der Reiter dem Pferd jede Stütze in der Hand.

Das Pferd soll seinen Kopf selbst tragen und ihn nicht von der Reiterhand tragen lassen.

Prinzip gilt: Je kürzer das Annehmen des Zügels und je schneller das Nachgeben erfolgt, desto besser (= weicher) ist die Hand.

Viele Pferde suchen eine bequeme Stütze in der Reiterhand – vor allem bei ganzen Paraden (zum Halten). Sie wollen die Bewegungsenergie nicht mit der Hinterhand abfangen (weil das ziemlich anstrengend ist), sondern laufen dem Reiter »in die Hand« und lassen ihren Kopf von der Reiterhand tragen. Dabei werden sie mehr oder weniger kopflastig. Der Reiter wird nach vorn geworfen und hat seine liebe Not, sitzen zu bleiben. Das Pferd zieht ihn mit tiefem Hals beinahe aus dem Sattel.

Dieses Verhalten begünstigt der Reiter, wenn er beide Zügel zu lange annimmt, ohne zwischendrin nachzugeben, also kurzfristig »Spannung herauszunehmen«. Wenn er also auf den Zug des Pferdes am Zügel mit Gegenzug reagiert.

Nimmt er stattdessen die Zügel an und gibt in dem Moment nach, in dem das Pferd Anstalten macht, die Parade anzunehmen, so hat das Pferd keine Chance, sich im Zügel eine Stütze zu suchen. Setzt es die Hinterbeine nicht bremsend unter, fällt es vornüber auf die Nase. Natürlich ist das etwas übertrieben, doch es trifft den Kern der Geschichte. Anfangs wird es nötig sein, die Zügel (bzw. den äußeren Zügel) für eine ganze Parade, z.B. aus dem Trab, mehrfach hintereinander anzunehmen und wieder loszulassen.

Dabei macht es nichts, wenn das Pferd nicht sofort anhält oder den Kopf hochnimmt (über den Zügel kommt). Es muss nur merken, dass es immer wieder einen neuen (eher unangenehmen) Impuls im Maul bekommt, wenn es nicht anhält. Zehn Parade-Übungen in dieser Art genügen meist, um dem Pferd beizubringen, auf den ersten Impuls hin anzuhalten. Stimmhilfen wie Ho oder Halt sind dabei zur Vorbereitung und Verstärkung ausdrücklich erlaubt, auch wenn sie auf Turnieren verpönt sind. Wir befinden uns hier jedoch in der Basisarbeit, und da ist jedes Mittel recht, um das Pferd von der Reiterhand weg und auf die eigene Hinterhand zu bringen (Selbsthaltung).

Gewonnen hat bei diesem »Anhaltespiel« ganz schnell der Reiter, der »fix mit der Hand« ist; der dem Pferd die Stütze verweigert und trotzdem die Parade durchsetzt.

Wichtig bei dieser Art von Arbeit ist eine »Bestätigung« für das Pferd: es soll durch Lob und kurze Ruhepausen und evtl. auch das eine oder andere Leckerli lernen, dass seine Reaktionen richtig waren. Es soll erwünschte Reaktionen mit etwas Angenehmem verbinden. Dann kommt jede weitere Reaktion immer schneller!

4.5 Selbstkritik, Urteilsfähigkeit, Problemlösung

Situationen richtig beurteilen

Zu beurteilen, an wem es denn eigentlich liegt, wenn etwas nicht funktioniert oder welche Eigenart von Mensch oder Pferd ein auftretendes

Lob und Belohnung sind wichtige Bestandteile pferdegerechter Ausbildung.

Problem vorrangig verursacht, ist eine ganz wichtige Fähigkeit für den guten Reiter. Kann das Pferd (noch) nicht oder will es nicht? Kann der Mensch sich nicht »verständlich machen«? Gibt es logische Fehler, widersprüchliche Signale oder zu hohe Anforderungen? Ist eine solide Basis geschaffen hinsichtlich Kondition und Kommunikation? Will der Reiter den zweiten vor dem ersten Schritt tun? Kann man ein Problem besser vom Boden oder vom Sattel aus lösen? Und so weiter und so fort ...

Fragestellungen gibt es viele – und die Antworten sind manchmal unbequem, weil sie oft eine Verhaltensänderung des Menschen notwendig machen; falsch antrainierte und lieb gewordene Gewohnheiten müssen abgelegt, stereotype Handlungsweisen hinterfragt werden und für jedes Problem eine spezielle Antwort gefunden werden. Bei der ausgeprägten Individualität von Menschen und Pferden gibt es keine für jeden zutreffende »Allgemein-Weisheit«.

Bei einfachen, undifferenzierten Übungen am Boden ist oft noch recht einfach zu beurteilen,

Das Pferd soll erwünschte Reaktionen mit etwas Angenehmem verbinden. Lob, Ruhepausen und auch mal ein Leckerli bestätigen das Pferd in seinen Reaktionen.

Die ausgeprägte Individualität von Pferden und Reitern macht für jedes Problem eine spezielle Analyse und Lösung notwendig. Es gibt keine auf jedes Reiter-Pferd-Paar zutreffende Gesamtlösung.

was schief läuft. In der einfachsten Form: Weicht das Pferd dem Menschen nicht aus, so hat es keinen Respekt bzw. der Mensch ist noch nicht in der Lage, sich durch deutliche Körpersprache und autoritäres Auftreten Respekt zu verschaffen.

Bei der Arbeit unter dem Sattel ist es jedoch manchmal nicht ganz so einfach, zu beurteilen, ob das Pferd der gestellten Aufgabe auch wirklich gewachsen ist. Oder ob ich als Reiter auch wirklich unmissverständliche Signale gebe.
Wenn ein ansonsten williges Pferd beispielsweise unter dem Reiter nur widerwillig und schief rückwärts tritt, so kann es durchaus ein körperliches Problem haben, zum Beispiel Schmerzen beim Winkeln eines oder beider Hinterbeine. In diesem Fall sollte man die Forderung modifizieren, sich mit einem angedeuteten Rückwärtsrichten begnügen und hinterfragen, woher das Problem kommen kann.
Die Arbeit an Lektionen, die ein Gleichgewichtsproblem verursachen können, z.B. am fliegenden Galoppwechsel, muss unter Umständen abgebrochen oder modifiziert werden, wenn das Pferd sich im Verlauf der Arbeit immer mehr in Hektik hineinsteigert.
Mit einigem Nachdenken wird sich für alle Probleme eine Lösung finden lassen, die sowohl den Möglichkeiten des Menschen als auch denen des Pferdes Rechnung tragen. Es werden allerdings fast immer Lösungen sein, die Geduld und Konsequenz erfordern.

Register